Gymnasium Bayern

AF205092

Deutschbuch

Schulaufgabentrainer

Trainingsheft für Schulaufgaben und den Jahrgangsstufentest

5

Herausgegeben von
Kurt Finkenzeller (Ingolstadt) und
Andrea Wagener (Köln)

Erarbeitet von
Michael Lessing (Schwabach)
Kerstin Mümmler (Nürnberg)
Christian Rühle (Polling)

Cornelsen

Autoren- und Quellenverzeichnis

S. 14: Zeevaert, Sigrid: Mehr als ein Spiel (Auszug). Aus: Ebd. dtv Verlagsgesellschaft mbH & Co. KG, München, 12. Auflage 2014, S. 8–11.
S. 34: Timm, Uwe: Rennschwein Rudi Rüssel (Auszug). Aus: Ebd. Nagel & Kimche, Zürich/München 1989, S. 10 f.

Bildquellenverzeichnis

S. 41 oben, 42: © Amadeus Persicke – Fotolia.com; **S. 43:** ©2015 Geoffrey Kuchera – Fotolia.com

Impressum

Redaktion: lüra – Klemt & Mues GbR, Wuppertal

Illustrationen: Maja Bohn, Berlin (S. 2 oben, 10–12); Christiane Grauert, Milwaukee (USA) (S. 4, 6–9);
Susann Hesselbarth, Leipzig (S. 2 Mitte, 30, 31); Bernd Kissel, Überherrn-Berus (S. 14, 16);
Ulrike Selders, Köln (S. 2 unten, 18–21, 34–36, 40, 41, 44, 48); Rüdiger Trebels, Düsseldorf (S. 22–24, 26, 28)

Umschlaggestaltung und Layoutkonzept: werkstatt für gebrauchsgrafik, Berlin

Technische Umsetzung: zweiband.media, Berlin

www.cornelsen.de

Alle Drucke dieser Auflage sind inhaltlich unverändert
und können im Unterricht nebeneinander verwendet werden.

1. Auflage, 6. Druck 2025

© 2017 Cornelsen Verlag GmbH, Mecklenburgische Str. 53, 14197 Berlin, E-Mail: service@cornelsen.de

Druck: Athesiadruck GmbH, Bozen

ISBN: 978-3-06-200224-3

PEFC-zertifiziert
Dieses Produkt
stammt aus
nachhaltig
bewirtschafteten
Wäldern und
kontrollierten Quellen
PEFC/18-31-166 www.pefc.de

Inhaltsverzeichnis

Eine ereignisreiche Radtour – Erlebnisse lebendig erzählen

Bei dieser Art von Schreibaufgaben können dir unterschiedliche Anforderungen begegnen. So könnte es sein, dass du über etwas **Erlebtes** (z. B. eine Klassenfahrt, ein Ausflug, der erste Schultag am Gymnasium) erzählen sollst oder aber über etwas **Erdachtes** (z. B. ein mögliches Abenteuer, Träume). Es kann aber auch sein, dass du zu vorgegebenen Wörtern oder Bildern erzählen sollst.

Stell dir vor, du erhältst in der nächsten Schulaufgabe folgende Aufgabenstellung:

> Eine ereignisreiche Radtour – Erzähle möglichst lebendig und anschaulich, wie du zum ersten Mal allein mit deinem neuen Rad zum Badesee geradelt bist.

A Die Aufgabenstellung richtig verstehen

1
  a Markiere in der Aufgabenstellung, was wichtig ist.
  b Kreuze die richtigen Aussagen an.

Ich soll:

A ☐ über ein mögliches Erlebnis schreiben.   C ☐ sachlich die wichtigsten Informationen wiedergeben.

B ☐ einen Unfallbericht schreiben.   D ☐ meine Geschichte unterhaltsam gestalten.

2 Schreibe auf, worauf du achten musst. Nutze dazu den Wortspeicher.

> sprachliche Bilder ▪ Präteritum ▪ Wörter oder Wendungen wiederholen ▪
>
> Ich-Perspektive ▪ wörtliche Rede ▪ Überschrift ▪ Gedankenrede

A Meine Geschichte braucht eine treffende _____ .

B Das Tempus in meiner Geschichte ist das _____ .

C Am besten schreibe ich in der _____ .

D Lebendig und anschaulich kann ich meine Geschichte mit folgenden Erzähltricks gestalten:

_____

_____

B Ideen sammeln

1 Überlege, was auf deiner Radtour alles passieren kann. Vervollständige den Cluster, indem du eigene Ideen hinzufügst.

> Eine Möglichkeit, Ideen zu sammeln, ist das Anfertigen eines **Clusters.** Dieser kann dir helfen, deine Gedanken zu ordnen und geeignete Erlebnisse für deine Erzählung zu finden.

Zum ersten Mal mit dem neuen Fahrrad unterwegs

Auf der Rückfahrt Platten

Radtour zum Badesee

Mitmachen bei Aktion „Stehpaddeln" im See

2 Wähle nun aus deinen gesammelten Ideen drei bis vier aus, die du in deiner Erzählung lebendig ausgestalten willst. Umkreise die Ideen in deinem Cluster.

C Einen Schreibplan erstellen

Um eine Geschichte lebendig und nachvollziehbar zu erzählen, musst du zuvor ihren Aufbau planen. Dies machst du am besten schriftlich und stichpunktartig in Form eines **Schreibplans.** Wenn du von mehreren Erlebnissen erzählst, kannst du die einzelnen Ideen wie Perlen an einer Schnur aufreihen.

1 Jakob hat einige Erlebnisse aus seinem Cluster ausgewählt und in eine sinnvolle Reihenfolge gebracht. Schau dir seinen Schreibplan genau an.

Überschrift		Eine ereignisreiche Radtour	Stichworte
Erzählsituation		Ausflug mit neuem Fahrrad	neues Fahrrad ausprobieren, …
Ereignis	Erzählschritt 1	Um-die-Wette-Fahren auf dem Hinweg	…
	Erzählschritt 2	Am See: Stehpaddeln	…
	Erzählschritt 3	Missgeschick mit einem Eis	…
	Erzählschritt 4	Platten auf der Rückfahrt	…
Ausgang		Mit dem Auto abgeholt	…

2 **a** Wähle nun drei bis vier Erlebnisse für deine eigene Erzählung aus deinem Cluster aus. Erstelle in deinem Heft einen Schreibplan, in dem du deine Erlebnisse in den Erzählschritten in eine sinnvolle Reihenfolge bringst.
b Schreibe für deine Erzählung zu jedem Erlebnis Stichworte auf.

D Schreibtraining

Die Erzählsituation gestalten

> Die **Erzählsituation** führt in die Handlung ein und informiert über die Umstände (Wo? Wann? Wer?). Gut ist es, wenn du die Leser neugierig machst. Dies gelingt dir mit ein paar **Erzähltricks**. Du kannst z. B. von harmlosen Situationen erzählen, die plötzlich **überraschende Wendungen** nehmen. Du kannst aber auch ein **unerwartetes Ereignis** ankündigen oder **falsche Fährten** legen.

1 Markiere in den drei verschiedenen Erzählsituationen die Erzähltricks.

A *Letzte Ferien radelte ich mit Lina und Sinan zum Badesee. Es war das erste Mal, dass meine Eltern das erlaubten. Ich hatte mein neues Fahrrad bekommen und konnte deshalb auch gut weitere Strecken bewältigen. Wir trafen uns um 10 Uhr morgens und fuhren dann auch gleich los. Gut gelaunt traten wir in die Pedale. Zunächst mussten wir den Feldweg nehmen. Alles ging glatt, bis Sinans Rad plötzlich in eine Fahrrille geriet ...*

B *Wochenlang hatte ich gebettelt und endlich stimmten meine Eltern zu: Ich durfte allein mit Lina und Sinan zum Badesee radeln. Und das mit meinem neuen Fahrrad! Wir starteten gleich nach dem Frühstück und ich flitzte nur so vorneweg. Mit meinen 21 Gängen war die Strecke hin und zurück ein Kinderspiel. Doch dann kam alles ganz anders.*

C *Letzte Ferien habe ich einen aufregenden Tag erlebt. Ich hatte endlich ein neues Fahrrad bekommen und meine Eltern erlaubten, dass ich es zusammen mit meinen Freunden auf einer Tour zum Badesee einweihte. Lina und Sinan holten mich ab und bewunderten gleich mein schickes Mountain-Bike. „Schaut bloß, dass ihr hinterherkommt!", tönte ich, schwang mich auf den Sattel und brauste los. Dieses Rennen würde ich gewinnen!*

2 **a** Kreuze an, welcher Erzähltrick dir am besten gefällt.
b Begründe deine Wahl.

☐ A ☐ B ☐ C

_____

_____

3 Schreibe nun eine Erzählsituation für deine eigene Geschichte in dein Heft. Denke daran, deine Leser auch über Ort, Zeit und die Hauptfiguren zu informieren.

Deutschbuch

Schulaufgabentrainer

5

Trainingsheft für Schulaufgaben und den Jahrgangsstufentest

Lösungen

Cornelsen

Eine ereignisreiche Radtour – Erlebnisse lebendig erzählen

Seite 4

A Die Aufgabenstellung richtig verstehen

1 a Markierungen:
Eine ereignisreiche Radtour – <u>Erzähle</u> möglichst <u>lebendig</u> und <u>anschaulich,</u>
wie du <u>zum ersten Mal</u> mit deinem <u>neuen Rad</u> <u>zum Badesee</u> geradelt bist.

b A über ein mögliches Erlebnis schreiben
D meine Geschichte unterhaltsam gestalten

2 A Meine Geschichte braucht eine treffende **Überschrift.**
B Das Tempus in meiner Geschichte ist das **Präteritum.**
C Am besten schreibe ich in der **Ich-Perspektive.**
D Lebendig und anschaulich kann ich meine Geschichte mit folgenden Erzähltricks gestalten:
sprachliche Bilder, Wörter und Wendungen wiederholen, wörtliche Rede und Gedankenrede.

Seite 5

B Ideen sammeln

1 Weitere mögliche Ideen:
– Missverständnis / Verfehlen des Treffpunktes
– Wettfahren / Rad gerät in Fahrrille
– heraufziehendes Gewitter
– unaufmerksam beim Eisessen / alles vollgetropft

2 Deine ausgewählten Ideen sollst du im Folgenden erzählerisch ausgestalten.

C Einen Schreibplan erstellen

1/2 Jakobs Schreibplan mit ergänzten Stichworten:

Überschrift		Eine ereignisreiche Radtour	Stichworte
Erzählsituation		Ausflug mit neuem Fahrrad	neues Fahrrad zum Geburtstag bekommen, zum ersten Mal ausprobieren
Ereignis	Erzählschritt 1	Um die-Wette-Fahren auf dem Hinweg	Rad vom Freund gerät in Fahrrille, fast gestürzt, danach langsam geradelt bis zum See
	Erzählschritt 2	Am See: Stehpaddeln	am See kostenlose Aktion, wir machen mit, macht Spaß, neues Hobby?
	Erzählschritt 3	Missgeschick mit einem Eis	nicht aufgepasst, Schokofleck auf neuem T-Shirt
	Erzählschritt 4	Platten auf der Rückfahrt	Scherben auf der Straße, Vater anrufen, Treffpunkt vereinbaren
Ausgang		Mit dem Auto abgeholt	Freunde können mit dem Rad nach Hause fahren, dumm gelaufen

Seite 6

D Schreibtraining

1 Markierte Erzähltricks:
A (…) Alles ging glatt, bis Sinans Rad in eine Fahrrille geriet. (überraschende Wendung)
B (…) Doch dann kam alles ganz anders. (unerwartetes Ereignis)
C (…) Dieses Rennen würde ich gewinnen! (falsche Fährte)

2 a + b Mögliche Begründungen:
A Erzähltrick A gefällt mir am besten, weil er Spannung erzeugt. Ich will wissen, was jetzt passiert.
B Erzähltrick B gefällt mir am besten, weil er auf das unerwartete Ereignis neugierig macht. Ich will wissen,
wie es weitergeht und worum es sich bei dem unerwarteten Ereignis handelt.
C Erzähltrick C gefällt mir am besten, weil die falsche Fährte neugierig macht. Ich frage mich,
ob der Ich-Erzähler das Rennen tatsächlich gewinnt.

3 Du hast die Erzählsituation für deine Geschichte in dein Heft geschrieben und sicher auch an Orts- und Zeitangaben und die Hauptfigur gedacht.

Seite 7

4 Treffende Verben:
Kaum waren wir auf dem Feldweg, **trat** ich erst so richtig in die Pedale. „Na, wo bleibt ihr denn?", **rief** ich nach hinten. Sinan **antwortete** irgendetwas, aber das konnte ich durch den Fahrtwind nicht verstehen. „Mit meinem neuen Bike werdet ihr mich heute nur von hinten sehen!", **prahlte** ich, als sie fast herangekommen waren. „Also gut", **erwiderte** Lina, „wer zuerst an der Weggabelung ist!"

5 Anschauliche Adjektive:
Für das Stehpaddeln musste man sich erst in eine **lange** Schlange einreihen. Daher dauerte es **ewig,** bis ich endlich an der Reihe war. **Freudig/Gespannt** sprang ich auf das Board und stieß mich **vorsichtig/schwungvoll** ab. Schon glitzerte unter mir das **eiskalte/klare** Wasser, über das ich **pfeilschnell/schwankend** voranglitt. **Behutsam/Unsicher** setzte ich das Paddel wieder ins Wasser.

6 Mögliche Gedankenblasen:
 – Hui, ist das wacklig!
 – Ich hoffe, ich falle nicht gleich herunter!
 – Das sieht bestimmt ganz schön stümperhaft aus.
 – Das macht richtig Spaß!
 – Ob mich Lina und Sinan jetzt sehen?

Seite 8

7 a + b Diese Sätze solltest du ausgewählt haben:
 A Die Sonne <u>brannte</u> vom Himmel. *(sprachliches Bild: brannte)*
 B Der Schweiß <u>rann</u> uns <u>in Strömen</u> über die Haut. *(sprachliches Bild: in Strömen)*
 C „Ich habe so große Lust auf ein kühles Eis!" *(wörtliche Rede)*
 D Ich <u>schleckte und schleckte,</u> aber das Eis tropfte trotzdem von der Waffel. *(Wiederholung)*

8 Mögliche Erzähltricks:
 A Die Eisverkäuferin formte **Kugel um Kugel.**
 B Ich freute mich auf ein Eis, **so groß wie eine Schultüte.**
 C Als Lina mein Eis sah, rief sie: **„Klar, du hast wieder das größte Eis von allen!"**

9 Zeitangaben:
Es war <u>schon später Nachmittag</u>, als wir uns auf den Heimweg machten. Wer voranfuhr, war uns <u>diesmal</u> gar nicht wichtig. <u>Eine Weile lang</u> radelten wir nebeneinander und unterhielten uns. Doch als wir <u>zehn Minuten später</u> an die Weggabelung zur Staatsstraße kamen, passierte es: <u>Viel zu spät</u> sahen wir die Glasscherben, die dort überall auf dem Boden lagen.

10 Du hast deine Erzählschritte sicher anschaulich und lebendig und mit Erzähltricks geschrieben und die genaue zeitliche Abfolge beachtet.

Seite 9

11 a + b Jakob hat die Möglichkeiten B und C gewählt.

12 Du hast einen Ausgang geschrieben, der deine Erzählung abrundet, und sicher eine treffende Überschrift gefunden.

E Die Erzählung überarbeiten

1 a + b Hier siehst du eine Musterlösung.
Die Anmerkungen in der rechten Spalte zeigen dir, was an dieser Musterlösung gelungen ist.

Wer ist der Schnellste?	Die **Überschrift** macht neugierig.
Endlich <u>Wochenende</u>! Ich <u>sprang</u> aus dem Bett. <u>Um 10 Uhr wollte</u> ich mich mit <u>Lina</u> und <u>Sinan</u> <u>am Feldweg</u> treffen, um zum Badesee zu radeln: die erste Tour mit meinem neuen Rad! **Doch als ich zum Treffpunkt <u>kam,</u> war keiner da.**	Die **Erzählsituation** klärt die W-Fragen. Erzähltricks in der Erzählsituation machen die Leser neugierig.

Eine halbe Stunde musste ich warten, bis Lina und Sina **keuchend an-geradelt** kamen. „Wo wart ihr?" rief ich ihnen schon von weitem ent-gegen. „**Ich hatte meine Brote zu Hause liegen lassen**", **japste** Sinan, „**und wir konnten dich nicht erreichen**." Ich schaute auf mein Handy. Richtig, der Akku war leer. **Dumm gelaufen.**

„**Jetzt aber los**", **sagte** ich ungeduldig, „**wir machen ein Wettrennen!**" Schon saß ich im Sattel und **strampelte** los. Mein Mountainbike schaffte **mühelos** jede Steigung. Mit Siegergeheul fuhr ich als Erster am Kassenhäuschen des Strandbads vor.

Später an der Eisbude mussten wir **ewig** warten. Der Schweiß **rann in Strömen.** Die Eisverkäuferin **häufte Kugel um Kugel auf** und hatte sehr schlechte Laune. Und dann tropfte ich mir noch das T-Shirt voll. **So ein Mist!**

Kurz darauf planschten wir im See. Die Zeit verging wie im Flug. Der Badesee leerte sich. Dann fielen die ersten Tropfen. „**Oh, oh**", murmel-te Lina, als sie in den Himmel schaute. **Plötzlich** türmten sich schwar-zen Gewitterwolken über uns auf. **Schnell wie der Blitz** packten wir unsere Sachen zusammen und **schwangen** uns auf die Räder. „**Wer als Erster zu Hause ist!**", kündete Sinan das nächste Wettrennen an. Doch diesmal traten wir aus anderen Gründen in die Pedale.

Ereignis/Erzählschritte:
Die Zeitform Präteritum ist eingehalten.

Anschauliche Adjektive, treffende Ver-ben und Spannungsmelder werden ver-wendet.

Erzähltricks (sprachliche Bilder, Wieder-holung von Wörtern und Wendungen, wörtliche Rede und Gedankenrede) ma-chen das Ereignis lebendig.

Der **Ausgang** rundet die Geschichte ab, indem der Ausgang des Erlebnisses offen gelassen wird.

Rechtschreibung und Zeichensetzung sind korrekt.

Gespenstergeschichten – Zu Bildern erzählen

Seite 10

A   Die Aufgabenstellung richtig verstehen

1 a Markierungen:
Schreibe zu den folgenden Bildern eine Gespenstergeschichte:
Bringe zuerst die Bilder in die richtige Reihenfolge.
Erzähle dann spannend und anschaulich eine Geschichte:

b Trifft zu: B, C
Trifft nicht zu: A, D

B   Ideen sammeln

1

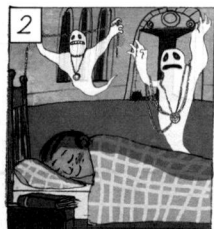

2 a Mögliche Stichworte zu den Bildern:
1: Gespensterspuk, Mitternacht im Schloss, Rasselketten
2: Junge schläft friedlich
3: Gespensterschabernack, Junge erschrickt
4: Junge liest in Handbuch zum Umgang mit Gespenstern
5: freundliche Gespenster spielen mit dem Jungen Karten

b Was zwischen den Bildern passiert sein könnte:
  zwischen 1 und 2: Gespenster entdecken den Jungen und haben Lust ihn zu erschrecken
  zwischen 2 und 3: Gespenster machen einen solchen Lärm, dass der Junge aufwacht
  zwischen 3 und 4: Junge erholt sich von seinem Schreck, überlegt, wie er die Situation retten kann
  zwischen 4 und 5: Junge lädt Gespenster ein, gemeinsam etwas zu machen

Seite 11

C   Einen Schreibplan erstellen

1 Passende Sätze zu den Bildern:

Erzählschritte	Bild-Nr.	Handlung in einem Satz
Erzählsituation	Bild 1	Zwei Gespenster machen unheimliche Geräusche mit Rasselketten und schweben durch ein Schloss.
Erzählschritt 1	Bild 2	Zwei Gespenster wollen einen schlafenden Jungen erschrecken.
Erzählschritt 2	Bild 3	Der Junge wacht auf und erschrickt fürchterlich.
Erzählschritt 3	Bild 4	Der Junge holt ein Handbuch zum richtigen Umgang mit Gespenstern und liest darin.
Ausgang	Bild 5	Der Junge und die beiden Gespenster spielen zusammen Karten.

2 Passende Leserfieberkurve:

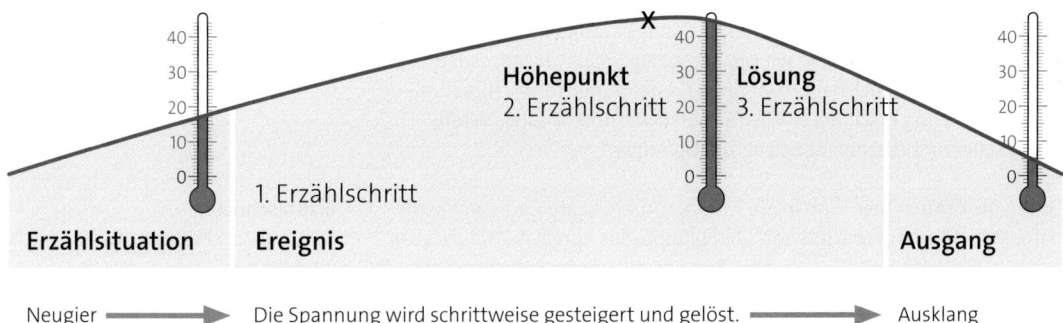

Neugier ➡ Die Spannung wird schrittweise gesteigert und gelöst. ➡ Ausklang

D   Schreibtraining

1 Mögliche Satzanfänge:
Die beiden Gespenster Carl und Edward lebten schon sehr lange im Schloss und ihnen war mal wieder so richtig langweilig. **Plötzlich** kam Carl eine Idee: „Du, Edward, im Augenblick haben wir doch Gäste in unserem Schloss, sollen wir die nicht mal richtig erschrecken? **Dafür** holen wir unsere schwersten Ketten aus dem Keller und machen denen so richtig Angst." **Sogleich/Sofort** setzten die beiden ihren Plan in die Tat um. **„Aber"**, sagte Carl, „wer könnte denn am meisten Angst vor uns haben?" „Ich glaube, der Junge, der traute sich noch nicht einmal allein ins Bett. Das wird ein Riesenspaß." **Sogleich/Sofort** machten sich die beiden auf den Weg. **Nun** waren es nur noch wenige Meter bis zur Tür des Jungen. ...

Seite 12

2 Mögliche Beispiele für die Beschreibung von Mimik und Gestik:
  – Tim standen die Haare zu Berge.
  – Er riss seine Augen auf.
  – Seinem weit geöffneten Mund entfuhr ein Schrei.
  – Er saß stocksteif auf dem Bett.
  – Seine Hände umklammerten die Matratze.

3 Mögliche sprachliche Wendungen für Gedanken:
  – „Was ist denn los?" Er wusste nicht, wie ihm geschah.
  – „Was soll ich bloß machen?"
  – „Hört mich denn keiner?"
  – Zunächst war er völlig ratlos.
  – Fieberhaft überlegte er, was er tun sollte.

Mögliche sprachliche Wendungen für Gefühle:
  – Er war schlagartig wach. Sein Herz pochte wie wild.
  – Er war sehr aufgeregt.
  – Ihm stockte der Atem.

– Panik stieg in ihm auf.
– Seine Hände waren schweißgebadet.
– Ihm wurde ganz flau im Magen.

4 **Tim sieht:** Zwei weiße Schemen flogen unruhig hin und her.
An den Wänden tanzten lange Schatten.
Tim hört: Die Gespenster rasselten mit ihren Ketten.
Sie heulten und jaulten furchterregend.
Draußen heulte der Wind.
Tim riecht: Ein modriger Gestank erfüllte den Raum.
Der Staub von Jahrhunderten kroch in Tims Nase.

Seite 13

5 Mögliche Überarbeitung des Ausgangs:
Siegessicher sagte Tim zu den Gespenstern: „Wollen wir Karten spielen?" Sie **riefen** sofort begeistert: „Ja!" „Na also",
erwiderte Tim, „und welches Spiel mögt ihr am liebsten?" „Mau Mau!", **antworteten** die Gespenster fröhlich. „Ich übernehme das Mischen und Austeilen der Karten", **schlug** Edward vor. Tim war es recht. Er **flüsterte**: „Hoffentlich hören uns meine Eltern nicht."

6 Hier siehst du eine Musterlösung.
Die Anmerkungen in der rechten Spalte zeigen dir, was an dieser Musterlösung gelungen ist.

Schreck um Mitternacht

Die beiden Gespenster Carl und Edward lebten schon sehr lange im Schloss. Eines Abends war ihnen mal wieder so richtig langweilig. Plötzlich kam Carl eine Idee: „Du, Edward, im Augenblick haben wir doch Gäste in unserem Schloss, sollen wir die nicht mal richtig erschrecken? Dafür holen wir unsere schwersten Ketten aus dem Keller und machen denen so richtig Angst."

Sogleich setzten die beiden ihren Plan in die Tat um. „Aber", sagte Carl, „wer könnte denn am meisten Angst vor uns haben?" „Ich glaube, der Junge, der traute sich noch nicht einmal allein ins Bett. Das wird ein Riesenspaß." Sofort machten sich die beiden auf den Weg. Nun waren es nur noch wenige Meter bis zur Tür des Jungen. Das Rasseln der Ketten war jetzt unüberhörbar. Die beiden Gespenster setzten ihre grimmigsten Mienen auf und schwebten mit schaurigem Getöse in das Zimmer, wo Tim tief und fest schlief. Es dauerte keine Minute, da erwachte Tim und riss erschrocken die Augen auf. Ihm **stockte der Atem,** als er sich rasch aufsetzte und in den dunklen Raum starrte. Seinem weit geöffneten Mund **entfuhr ein Schrei.** Zwei weiße Schemen flogen unruhig hin und her. Sie **jaulten** und **heulten furchterregend** und rasselten mit schweren Ketten. Ein **modriger Gestank** erfüllte den Raum und der Staub von Jahrhunderten kroch Tim in die Nase. Ihm wurde **flau im Magen, mit zitternden Händen** krallte er sich an der Matratze fest. Träumte er? Aber nein, die beiden Gespenster waren echt! Fieberhaft überlegte er, was er tun sollte. Weglaufen? Um Hilfe rufen? Aber dann fiel ihm das alte Buch aus der Schlossbibliothek ein, das er vor dem Schlafengehen gelesen hatte: „Handbuch zum richtigen Umgang mit Gespenstern". Mühsam löste sich Tim aus seiner Schockstarre und blätterte hastig durch die vergilbten Seiten, während die beiden Gespenster sich bedrohlich näherten. Gerade rechtzeitig, bevor eines der Gespenster seine durchscheinende Hand nach ihm ausstreckte, klappte er das Buch wieder zu.

Siegessicher sagte Tim zu den Gespenstern: „Wollen wir Karten spielen?" Sie riefen sofort begeistert: „Ja!" „Na also", erwiderte Tim, „und welches Spiel mögt ihr am liebsten?" „Mau Mau!", antworteten die Gespenster fröhlich. „Ich übernehme das Mischen und Austeilen der Karten", schlug Edward vor. Tim war es recht. Er flüsterte: „Hoffentlich hören uns meine Eltern nicht."

Die **Überschrift** macht neugierig.

Die **Erzählsituation** klärt die W-Fragen.

Erzählschritte:
Die Zeitform Präteritum ist eingehalten.

Die wörtliche Rede wird sinnvoll eingesetzt.

Anschauliche Verben, Adjektive und abwechslungsreiche Satzanfänge werden verwendet.

Sinneseindrücke, Gefühle und Gedanken werden beschrieben.

Der **Ausgang** rundet die Geschichte ab, indem ein abschließender Gedanke geäußert wird.

Rechtschreibung und Zeichensetzung sind korrekt.

E   Die Gespenstergeschichte überarbeiten

1   Mögliche Verbesserungsvorschläge für Majas Geschichte:

Überschrift: Majas Überschrift klingt langweilig, ansprechender wäre z. B. „Schreck um Mitternacht".

Spannendes Ereignis: Nach Z. 10 könnte Maja noch erzählen, wie es Tim schafft, die Gespenster zum Spielen zu bringen. Maja kürzt diesen Teil mit der Wendung „Gesagt, getan" ab.

Beschreibung von Sinneseindrücken, Gefühlen und Gedanken: Maja könnte mehr Gefühle und Sinneseindrücke schildern, wie z. B..: „Tims Herz blieb vor Angst fast stehen" oder „Nachdem Tims Herzschlag sich wieder beruhigt hatte ...".

Tempuswahl (Präteritum): Zeile 3–5: Der Junge schlief tief und fest. Der Junge wachte auf.
Zeile 6: Tim fasste sich ziemlich schnell wieder.
Zeile 8: Schnell blätterte er es durch.

Wörtliche Rede: Maja könnte z. B. das Gespräch zwischen Tim und den beiden Gespenstern in wörtlicher Rede wiedergeben: „Hört mal, ihr beiden Schreckgespenster", fragte Tim, „könnt ihr genauso gut Mau Mau spielen wie kleine Kinder erschrecken?" „Ha", konterte Carl, „natürlich, eine unserer leichtesten Übungen ...".

Rechtschreibung und Zeichensetzung: Zeile 1, 5, 8, 9: Gespenster
Zeile 4: rasseln

„Mehr als ein Spiel" – Eine Geschichte fortsetzen

Seite 15

A   Die Aufgabenstellung richtig verstehen

1   a Markierungen:
Lies aufmerksam den Auszug aus dem Romananfang „Mehr als ein Spiel" von Sigrid Zeevaert.
Setze die Geschichte fort und finde einen passenden Ausgang.

b Ich soll eine Geschichte **weitererzählen,** von der ich den **Anfang** vor mir liegen habe. Dabei muss ich besonders darauf achten, dass meine **Sprache** zur Erzählweise und zur **Fortsetzung** der literarischen Vorlage passt. Wichtig ist auch, dass ich mir für meine Erzählung einen passenden **Ausgang** ausdenke.

B   Ideen sammeln

1   Mögliche Antworten:
A Frieda findet es schön, dass sie ungestört ist.
B Sie stöbert in Wohnzimmer-Schubladen und im Zimmer ihres Bruders herum.
C Ihr Verhältnis ist angespannt: Er ist leicht genervt von seiner kleinen Schwester.
D Sie möchte es ausprobieren.
E Sie ist ganz ins Beobachten eines Jungen auf einem Mofa vertieft.
F Tom möchte das Fernglas für eine halbe Stunde ausleihen.
G Tom stellt sich noch kurz vor und fragt Frieda nach ihrem Namen.

2/3   Mögliche Ergänzungen für den Cluster:
– Überraschend taucht Bastian auf und stellt Frieda zur Rede.
– Tom kommt nicht wieder; Frieda wendet sich schließlich an die Polizei.
– Tom bringt das Fernglas zurück, verrät aber nicht, wozu er es gebraucht hat.
– Als Tom das Fernglas wiederbringt, weiht er Frieda in ein Geheimnis ein.

Seite 16

C   Einen Schreibplan erstellen

1   Möglicher Schreibplan zur Fortsetzung der Geschichte:

Erzählsituation: Frieda leiht einem unbekannten Jungen das Fernglas ihres Bruders.
Ereignis:
1. Erzählschritt: Frieda schleicht Tom misstrauisch hinterher bis in den Stadtpark.
2. Erzählschritt: Sie sieht, dass er mit dem Fernglas Vögel im Nest beobachtet.
Höhepunkt:
3. Erzählschritt: Frieda entdeckt Tom und erschreckt ihn. Sie klären die Situation.
Ausgang: Sie verabreden, das Nest in den nächsten Tagen gemeinsam zu beobachten.

D Schreibtraining: Spannend und anschaulich erzählen

1 A Ich schreibe in der Sie-/Er-Perspektive.
B Ich erzähle im Präteritum.
C Ich verwende wörtliche Rede und Gedankenrede.
D Ich übernehme die Erzählweise der Vorlage.

2 Mögliche Fortsetzung der Geschichte:
„Übrigens heiße ich Tom. Und du?" – Frieda starrte ihn noch immer verwirrt an. „Frieda!", rief sie dann, aber da war der Junge bereits verschwunden. Frieda blieb eine Weile so stehen, dann wurde ihr mulmig. Was hab ich nur getan?, dachte sie, Bastian wird total sauer sein, wenn das Fernglas weg ist. Sie beschloss, dem Jungen hinterherzulaufen. Vielleicht konnte sie ihn noch einholen. Aber er schien wie vom Erdboden verschluckt. Nervös schaute Frieda nach rechts und links. Und dann erspähte sie ihn doch. Er hockte im Park zwischen zwei Sträuchern und hatte das Fernglas auf einen bestimmten Punkt gerichtet. Sofort wurde Frieda neugierig. Was gab es denn da zu schauen?

3 Mögliche Begründung:
Paul ist der Beginn des Höhepunktes gut gelungen, da er wörtliche Rede eingebaut hat und Friedas Gefühle beschreibt. Zudem verwendet er treffende Verben und Adjektive.
Tina ist der Beginn des Hauptteils nicht so gut gelungen. Sie verwendet keine wörtliche Rede und schmückt ihre Sätze weder durch treffende Verben und Adjektive aus, noch geht sie anschaulich auf Gefühle und Wahrnehmungen ein.

Seite 17

4 Mögliche Ausgestaltung des Höhepunktes:

(...) Vorsichtig schlich sich Frieda an ihn heran, tippte ihm auf die Schulter und sagte: „Buh!" Erschrocken fuhr Tom zusammen und rief: „Au!" Dann drehte er sich wütend um und schimpfte: „Jetzt hab ich mir wegen dir das Fernglas ans Auge gestoßen!" „Entschuldige", murmelte Frieda schuldbewusst, „ich wollte mir nur das Fernglas wiederholen. Ich habe dich nämlich angelogen. Das Fernglas gehört nicht mir, sondern meinem Bruder." Sie bekam einen roten Kopf. Tom grinste. „Verstehe", sagte er. Dann zuckte er mit den Achseln und reichte ihr das Fernglas. Unschlüssig blieb Frieda stehen, dann siegte ihre Neugier. „Was hast du dir angeschaut?", wollte sie wissen. Tom lächelte und deutete auf einen morschen Baumstamm. „Das Loch ganz oben", sagte er. Frieda schaute durch das Fernglas und hielt die Luft an. Ein winziger Vogelkopf mit offenem Schnabel war ganz kurz zu sehen – und wieder verschwunden. Fasziniert hörte sie Toms Stimme neben ihr: „Da nisten Blaumeisen. Sind die Kleinen nicht süß?"

5 Möglicher Ausgang:
Hingerissen betrachtete Frieda die quirligen Vogeljungen, bis Tom sich räusperte. „Wolltest du nicht das Fernglas zurückbringen?" Frieda boxte ihn in die Seite. „Ja, aber da kannte ich das Nest noch nicht." Tom sah sie an. „Wie wär's, wenn wir uns morgen hier um dieselbe Zeit wieder treffen? Natürlich nur zur Vogelschau!" Frieda nickte begeistert.

6 Gelungene Schlusssätze:
Geeignet sind die Sätze A (abschließender Gedanke), C (Frieda reagiert auf die Handlung) und E (greift auf den Anfang der Geschichte zurück).

Sich in ein Tier verwandeln – Einen Vorgang beschreiben

Seite 18

A Die Aufgabenstellung richtig verstehen

1 a Markierungen:
Fertige eine genaue Schminkanleitung deiner Froschmaske an. Nutze dazu die folgenden Bilder.

b Diese Antworten solltest du angekreuzt haben:
B den Ablauf des Schminkens genau beschreiben.
C als Tempus das Präsens wählen.
E eine sachliche Sprache verwenden
G nur die wichtigsten Tätigkeiten beschreiben.
H auf eine logische Reihenfolge achten.

B   Informationen sammeln

1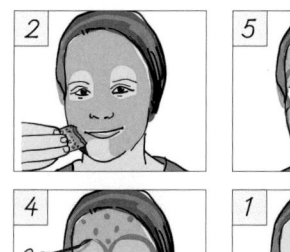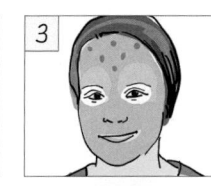

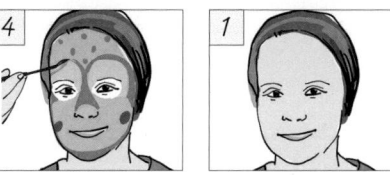 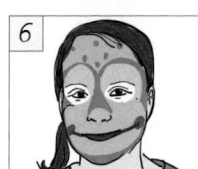

2 Zu sehen sind: Schminkfarben, feiner Pinsel, Schwämmchen, breites Haarband

Seite 19

C   Einen Schreibplan erstellen

1 a Die richtige Reihenfolge der Beschreibungen:
Der **erste Teil** nennt alle Materialien und Werkzeuge, (…).
Der **zweite Teil** beschreibt die Arbeitsschritte in der richtigen Reihenfolge (…).
Im **dritten Teil** kannst du den Zweck des Vorgangs hervorheben (…)

b Ich muss auf die Bilder im zweiten Teil der Vorgangsbeschreibung eingehen.

2 Mögliche Stichworte:
Bild 1: Haare zurücknehmen und breites Haarband anziehen
Bild 2: hellgrüne Farbe mit dem Schwämmchen auf dem Gesicht auftragen, die Augenpartie freilassen
Bild 3: dunkelgrüne Farbtupfer mit feinem Pinsel auf die Stirn tupfen und gelbe Kreise um die Augen malen, Augen mit Weiß
     umranden
Bild 4: mit feinem Pinsel und dunkelgrüner Farbe die gelben Augenkreise nachziehen, Kinn mit breitem Flachpinsel dunkel-
     grün anmalen und mit mittlerem Pinsel auf Wangen dunkelgrüne Tupfen auftragen, die Nase dunkelgrün anmalen
Bild 5: mit feinem Pinsel Unterlippe rot anmalen und die Mundwinkel mit roter Farbe verlängern
Bild 6: breites Haarband abnehmen

Seite 20

D   Schreibtraining

1 a + b Möglicher erster Satz:
Um dich als Frosch zu schminken, benötigst du Schminke in den Farben Hellgrün, Dunkelgrün, Gelb, Rot, Weiß,
ein Haarband oder Haargummi, einen Schwamm und einen Pinsel.

c Mögliche Begründung:
Wenn ich die „du"-Form und die Imperativform variiere, wird mein Text sprachlich abwechslungsreicher.

2 Liste für Satzanfänge/Verknüpfungswörter im Hauptteil:
zuerst: am Anfang, zu Beginn, anfangs, zuerst einmal, als Erstes
anschließend: danach, im Anschluss daran, dann, nun, im Weiteren, im Folgenden, als Nächstes
zum Schluss: als Letztes, endlich, zu guter Letzt, zum Abschluss, zu allerletzt, schließlich

3 Weitere Adjektive:
Farben: hellgrün, dunkelgrün, gelb, rot, weiß
Formen: oval, flächig, rund, Kreis
Arbeitsweise: sorgfältig, genau, exakt, vorsichtig, großflächig, gründlich

Seite 21

4 a Unterstrichene Prädikate:
Die Schminke <u>lässt</u> sich mit einem Schwämmchen <u>auftragen</u>.
Du <u>trägst</u> die Schminke mit einem Schwämmchen <u>auf</u>.
<u>Trage</u> die Schminke mit einem Schwämmchen <u>auf</u>.
Man <u>trägt</u> die Schminke mit einem Schwämmchen <u>auf</u>.

b A Umgewandelte Sätze:
   Um jedes Auge lässt sich ein Kreis malen.
   Du malst um jedes Auge einen Kreis.
   Male um jedes Auge einen Kreis.
   Man malt um jedes Auge einen Kreis.

c B Umgewandelte Sätze:
   Einige Farbtupfer lassen sich im Gesicht verteilen.
   Du verteilst einige Farbtupfer im Gesicht.
   Verteile einige Farbtupfer im Gesicht.
   Man verteilt einige Farbtupfer im Gesicht.

5 Hier siehst du eine Musterlösung.
Die Anmerkungen in der rechten Spalte zeigen dir, was an dieser Musterlösung gelungen ist.

Ein Froschgesicht schminken

Um dich als Frosch zu schminken, benötigst du Schminke in den Farben Hellgrün, Dunkelgrün, Gelb, Rot und Weiß, ein breites Haarband, ein Schwämmchen, einen feinen Pinsel, einen mittleren Pinsel und einen breiten Flachpinsel.

> Alle Materialien werden aufgezählt.

Nimm zuerst dein Haar mit dem Haarband zurück, damit es dir nicht ins Gesicht fällt. Im Anschluss kannst du die hellgrüne Schminkfarbe im Gesicht mit einem Schwämmchen verteilen. Lasse die Augenpartie frei. Tupfe nun dunkelgrüne Punkte mit dem feinen Pinsel auf die Stirn. Anschließend malst du mit gelber Schminkfarbe sorgfältig eine ovale Fläche um jedes Auge. Umrande nun die Augen mit weißer Schminkfarbe. Trage dann dunkelgrüne Schminkfarbe auf der Nase und über den gelben Kreisen auf. Male nun das Kinn mit breitem Flachpinsel dunkelgrün an und trage mit mittlerem Pinsel auf die Wangen dunkelgrüne Tupfen auf. Im Folgenden schminkst du die Unterlippe mit roter Schminkfarbe und vergrößerst deinen Mund von beiden Mundwinkeln aus in derselben Farbe bis zu den Wangen. Nimm zum Schluss das breite Haarband wieder ab.
Das geschminkte Froschgesicht kannst du nicht nur zur Theateraufführung, sondern auch zu allen Gelegenheiten tragen, zu denen du dich verkleidest. Damit siehst du immer lustig aus.

> Die einzelnen **Schritte** sind in einer **sinnvollen Reihenfolge** benannt.
>
> Es wird eine weitgehend einheitliche Form der Anrede verwendet. Wenn die „du"-Form und die Imperativform variieren, wird der Text sprachlich abwechslungsreicher.
>
> Die Beschreibung ist im Präsens verfasst.
>
> Die Arbeitsschritte sind durch passende Verknüpfungswörter verbunden.

Wenn etwas passiert – Einen Unfallbericht schreiben

Seite 23

A   Die Aufgabenstellung richtig verstehen

1 a Markierungen:
   Schreibe mit Hilfe der Bilder einen Unfallbericht an eine Versicherungsgesellschaft. Informiere knapp, vollständig und in der richtigen Reihenfolge über den Unfallhergang.

b Die richtige Zuordnung:
   Bericht: sachlich – richtige zeitliche Abfolge – Beantwortung der W-Fragen – knapp
   Erzählung: Gedanken und Gefühle – Spannung – wörtliche Rede – ausdrucksstarke Wörter und Wendungen

B Informationen sammeln

1/2 Mögliches Beispiel für eine sinnvolle Reihenfolge der W-Fragen und die passenden Antworten:
Was geschah? Ein Junge verletzte sich beim Klettern.
Wer war beteiligt? Jens Staiger und Josefine Eidinger
Wann passierte es? am 08. September um etwa 16 Uhr
Wo ereignete es sich? auf einer Wiese in Pallig an der Steinstraße
Wie trug es sich zu und warum? Jens Staiger wollte einen Drachen vom Baum holen.
Da brach ein Ast und der Junge stürzte ab.
Welche Folgen ergaben sich daraus? Beim Unfall zog sich Jens eine Bänderdehnung am rechten Knöchel zu.
Er musste ins Wielheimer Krankenhaus gebracht werden, wo er verarztet wurde. Seinen Knöchel musste er zwei Wochen schonen.

Hinweis: In der Einleitung des Unfallberichts kann die Reihenfolge der Antworten auf die Fragen
Was? Wer? Wann? Wo? variieren.

Seite 24

C Einen Schreibplan erstellen

1 Die richtige Zuordnung:
Einleitung: Was? Wer? Wann? Wo? Welche Folgen (knapp)?
Hauptteil: Wie genau? Warum?
Schlussteil: Welche Folgen?

2 a + b Die Nomen mit den passenden Verben in der richtigen Reihenfolge:
1. Drachen – steigen lassen
2. Baum – klettern
3. Ast – brechen
4. Knöchel – verletzen
5. Notruf – wählen
6. Krankenhaus – bringen
7. Bänderdehnung – verarzten

D Schreibtraining: Genau informieren

1 Mögliche Einleitung:
Am 8. September 2017 gegen 16 Uhr hatte der Schüler Jens Staiger auf einer Wiese in Pallig an der Steinstraße einen Unfall.
Er stürzte von einem Baum und verletzte sich dabei seinen Knöchel.

Seite 25

2 Passende Satzverknüpfungen:
A Als die Jugendlichen einen Drachen steigen ließen, blieb dieser kurz darauf in einem Baum hängen.
B Obwohl der Drachen etwa fünf Meter hoch in den Ästen hing, konnte Jens ihn befreien.
C Jens trat auf einen Ast, der abbrach, sodass Jens abstürzte.
D Da Jens sich am Knöchel verletzt hatte, rief Josefine die Notrettung an.

3 Möglicher Hauptteil und Schluss:
Der Jugendliche hatte zusammen mit seiner Freundin Josefine Eidinger einen Drachen steigen lassen. Als dieser in etwa fünf Meter Höhe in einem Baum hängen blieb, kletterte Jens auf den Baum, um den Drachen zu holen. Beim Herunterklettern brach unter ihm ein Ast, sodass Jens abstürzte und sich dabei den rechten Knöchel verletzte. Josefine Eidinger wählte mit ihrem Handy den Notruf und der alarmierte Krankenwagen brachte Jens ins Wielheimer Krankenhaus.
Dort stellte ein Arzt eine Bänderdehnung fest und bandagierte den verletzten Knöchel. Jens bekam die Anweisung, den Knöchel zwei Wochen zu schonen.

E Den Unfallbericht überarbeiten

1 So könntest du korrigiert haben:
- ... an einem ~~wunderschönen~~ Herbsttag – keine persönliche Wertungen in einem Bericht
- ... ~~menschenleeren~~ Wiese, ... ~~großen, dicht gewachsenen~~ Baum, ... kletterte ~~mühsam~~, ... der ~~plötzlich~~ unter ihm abbrach, ... stürzte ~~schreiend~~ – knapp formulieren und auf überflüssige Details verzichten
- ... ~~Jens wollte ihn unbedingt herunterholen, weil er sich den Drachen zuvor von seiner kleinen Schwester geliehen hatte~~ – keine unwichtigen Informationen

2 Hier siehst du eine Musterlösung.
Die Anmerkungen in der rechten Spalte zeigen dir, was an dieser Musterlösung gelungen ist.

Junge stürzte vom Baum

Am 8. September 2017 gegen 16 Uhr hatte der Schüler Jens Staiger auf einer Wiese in Pallig an der Steinstraße einen Unfall. Er stürzte von einem Baum und verletzte sich seinen Knöchel.

Jens Staiger hatte zusammen mit seiner Freundin Josefine Eidinger einen Drachen steigen lassen. **Als** dieser in etwa fünf Meter Höhe in einem Baum hängen blieb, kletterte Jens Staiger auf den Baum, um den Drachen zu holen. Beim Herunterklettern brach unter ihm ein Ast, **sodass** der Junge abstürzte. Er verletzte sich dabei den rechten Knöchel. Josefine Eidinger wählte mit ihrem Handy den Notruf. Ein Krankenwagen brachte den Jungen ins Wielheimer Krankenhaus.

Dort stellte ein Arzt eine Bänderdehnung fest. Er bandagierte den verletzten Knöchel. Jens Staiger bekam die Anweisung, den Knöchel zwei Wochen zu schonen.

Die **Überschrift** ist sachlich.

Die **Einleitung** klärt die W-Fragen: Was? Wer? Wann? Wo? Welche Folgen (knapp)?

Der **Hauptteil** klärt die W-Fragen: Wie genau? Warum?

Die Zeitform Präteritum ist eingehalten. Die Zeitform Plusquamperfekt wird verwendet, wenn vorher etwas geschieht.

Passende Konjunktionen und Satzgefüge verdeutlichen die Zusammenhänge.

Der **Schlussteil** klärt die W-Frage: Welche Folgen?

Rechtschreibung und Zeichensetzung sind korrekt.

„Gemeinsam starten: im Schullandheim!" – Berichten und die eigene Meinung begründen

Seite 27

A Die Aufgabenstellung richtig verstehen

1 a Markierungen:
a) Nach der Reise sollst du in einem Beitrag für die Schülerzeitung sachlich über den Aufenthalt berichten.
b) Du findest, dass die Fahrt in Klasse 5 in Zukunft immer zu Beginn des Schuljahres erfolgen sollte. Formuliere dein Anliegen am Schluss des Beitrages und nenne Gründe dafür.

b Mögliche Formulierung der Aufgabe:
In meinem Beitrag für die Schülerzeitung soll ich zuerst in Form eines Berichtes darstellen, wie sich unsere Fahrt ins Schullandheim abgespielt hat. Am Schluss soll ich begründen, warum es gut wäre, wenn im kommenden Schuljahr die Fahrt der fünften Klassen zu Beginn des Schuljahres stattfindet.

2 a + b Ich schreibe für die Schüler und alle Erwachsenen, die mit der Schule zu tun haben. Damit sie sich für mein Anliegen interessieren, muss ich das Interesse aller Lesenden wecken / ~~langweilig schreiben~~. Das gelingt mir, indem ich ~~möglichst ausführlich erzähle~~ / mit Adjektiven und Adverbien genau berichte. Mein Zeitungsartikel ~~kann auch~~ / darf keinesfalls erzählende Passagen, Augenzeugenberichte oder Aussagen Dritter (Zitate) enthalten. Damit die Leser/-innen mein Anliegen unterstützen, muss ich ~~irgendwelche~~ / überzeugende Gründe dafür nennen.

B Informationen und Gründe sammeln

1 Informationen zu den W-Fragen:
A **Was?** Aufenthalt im Schullandheim
B **Wer?** Klasse 5 c des Gymnasiums Nanstadt; Lehrkräfte: Frau Seiler und Herr Öfele
C **Wann?** In der zweiten Woche nach Schuljahresbeginn: Montag, 19. 9. bis Mittwoch, 21. 9.
D **Wo?** Schullandheim Riesbachhof, Allgäu
E **Wie (Ablauf)?** Anreise mit dem Bus. Montag: Organisatorisches (Zimmerverteilung, Tischdienste), Kennenlernspiele, Abendgeschichte. Dienstag: Streittraining, Sommerrodelbahn, Vertrauensspiele, Lagerfeuer, Nachtwanderung. Mittwoch: Zimmerräumung, Klassensprecherwahl, Abfahrt mit dem Bus.
F **Mit welchen Folgen (Gründe für das Anliegen)?** (Beispiele) sich schon früh näher kennen lernen, von Anfang an lernen, wie man richtig streitet, Vertrauen aufbauen

Seite 28

C   Einen Schreibplan erstellen

1 Richtig ist:
Einleitung: A, B, C, D
Hauptteil: E
Schlussteil: F

D   Schreibtraining (1): Interessant berichten

1 Mögliche Formulierung der Einleitung:
Zum allerersten Mal fuhr in diesem Schuljahr eine fünfte Klasse schon in der zweiten Woche nach Schuljahresbeginn ins Schullandheim Riesbachhof.

2 a Richtig ist:
Am Montagnachmittag trafen wir gegen 17:00 Uhr im Schullandheim Riesbachhof ein. **Als Erstes** wurden die Zimmer verteilt. Es gab dabei einige Tränen, weil Kinder getrennt wurden, die sich schon aus der Grundschule kannten. **Gleich danach/Im Anschluss daran** bekamen wir ein leckeres Abendessen, das die Laune wieder verbesserte. **Im Anschluss daran/ Gleich danach** spielten Frau Seiler und Herr Öfele, unsere neuen Klassenlehrer, einige Gruppenspiele mit uns. Das lockerte die Stimmung sehr auf und es bildeten sich auch erste neue Freundschaften. **Nachdem** alle bequeme Kleidung angezogen hatten, fanden wir uns zusammen, um eine Abendgeschichte vorgelesen zu bekommen.

b Dieser Nebensatz steht im Plusquamperfekt:
Nachdem alle bequeme Kleidung angezogen hatten, (...)
Begründung für das Tempus: Dieser Nebensatz berichtet von etwas, das vor dem eigentlichen Ereignis, der Abendgeschichte, passiert ist.

3 Möglicher Hauptteil:

Nach der Ankunft wurden zunächst die Zimmer und die Tischdienste für die kommenden Tage verteilt. Frau Seiler und Herr Öfele boten nach dem Abendessen verschiedene Kennenlernspiele an, damit wir als Schülerinnen und Schüler aus unterschiedlichen Grundschulen mehr über einander erfahren konnten. Mit einer Vorlesegeschichte um 20.30 Uhr endete der Abend. Am Vormittag des nächsten Tages stand ein Training unter dem Titel „Streiten – aber richtig!" auf dem Programm. Wir erfuhren, wie wir schwierige Situationen in der Klasse lösen können. Zum Abschluss dieses Trainings stellten wir gemeinsame Klassenregeln für unsere 5c auf. Am Nachmittag beschäftigten wir uns mit den Themen Mut und Vertrauen. Zunächst fuhren wir zur Sommerrodelbahn. Anschließend spielten wir im Schullandheim Vertrauensspiele, bei denen wir lernten, uns aufeinander zu verlassen. Nach dem Abendessen machten wir ein Lagerfeuer und eine Nachtwanderung. Zum Abschluss folgten vor der Heimfahrt am letzten Tag die Wahl der Klassensprecherinnen und Klassensprecher und ein Abschlussgespräch über die vergangenen gemeinsamen Tage.

Seite 29

D   Schreibtraining (2): Ein Anliegen begründen

1 a–c Mögliche Verbesserung von Lauras Schluss:
Ich bin der Meinung, dass die Fünftklässler schon am Anfang des neuen Schuljahres ins Schullandheim fahren sollten, denn dann lernen sich alle gleich gut kennen und lernen auch, sich zu vertrauen. Zum Beispiel führten wir im Schullandheim Kennenlernspiele und Vertrauensspiele durch. Deshalb bin ich dafür, dass die fünften Klassen gleich zu Beginn des Schuljahres ins Schullandheim fahren.

2 Möglicher Schluss:
In diesem Jahr sind die fünften Klassen zum ersten Mal zu Beginn des Schuljahres ins Schullandheim gefahren. Ich bin der Meinung, dass das immer so sein sollte. Durch die vielen gemeinsamen Aktivitäten, zum Beispiel das Streittraining, wurde die Klassengemeinschaft von Anfang an gestärkt.

Mögliche treffende Überschrift:
Schullandheim zu Beginn der 5. Klasse – eine klare Empfehlung!

„Till Eulenspiegel und das Kaninchen" – Rechtschreibung und Zeichensetzung überarbeiten

Seite 30

A Die Aufgabenstellung richtig verstehen

1 a Markierungen:
Überarbeite den Text, indem du alle Rechtschreibfehler und Zeichensetzungsfehler markierst und diese bestimmst. Schreibe anschließend den Text richtig in dein Heft.

b Richtig ist:
A Um die Aufgabe bearbeiten zu können, muss ich den Text aufmerksam lesen.
B Ich markiere Rechtschreibfehler und Zeichensetzungsfehler.
C Ich untersuche die Fehler genau, um die Fehlerarten zu bestimmen.
D Ich schreibe den Text richtig in mein Heft.

Seite 31

B Wissen aktivieren

1 Die Checkliste am Ende des Kapitels hilft dir bei den folgenden Aufgaben.

C Einen Arbeitsplan machen

1 Richtige Reihenfolge:
1. genau lesen
2. Fehler erkennen
3. Fehler markieren
4. Fehlerarten bestimmen
5. Fehler verbessern
6. den Text richtig abschreiben

D Schreibtraining: Regeln anwenden

1 Das aufmerksame Lesen der Geschichte hilft dir bei den folgenden Aufgaben.

2 Diese Rechtschreibfehler solltest du markiert haben:
muste (Z. 3), weist (Z. 6), hate (Z. 8), meister (Z. 10), grosen (Z. 12), Stal (Z. 12), Morrübe (Z. 16), Kolblatt (Z. 17), Ofenbar (Z. 17), mer (Z. 18), Hare (Z. 19), faulheit (Z. 21), Futer (Z. 27), vergese (Z. 34) decke (Z. 34), buchstaben (Z. 36)

3 Diese Zeichensetzungsfehler solltest du markiert haben:
... verreisen! (Z. 3), ... Tage fort," (Z. 4), Denk ... (Z. 4), zwar weil (Z. 7), zurückkam eilte (Z. 11), ... kaum noch? (Z. 14), ... Geselle"!, (Z. 23), ... gegeben. (Z. 28), aufgeschrieben damit (Z. 33)

4 a–c So solltest du korrigiert haben:

Großschreibung	Schärfung	Dehnung	Wörter mit s-Laut (s, ss, ß)
der Meister	hatte	Mohrrübe	musste
seine Faulheit	Stall	Kohlblatt	weißt
zur Decke	Offenbar	mehr	großen
roten Buchstaben	Futter	Haare	vergesse

Zeichensetzung bei wörtlicher Rede	Satzschlusszeichen	Kommasetzung
...Tage fort", sagte er ...	... verreisen.	... zwar, weil ...
„Denk ...	... kaum noch.	... zurückkam, eilte ...
... Geselle!", schrie ...	... gegeben?	... aufgeschrieben, damit ich es ...

Seite 32

E   Die Checkliste anwenden

1   a + b Richtig ist:

4   Begleitwörter für **Nomen** sind: **Artikel, Pronomen, Präpositionen** und **Adjektive.**

4   Hört man nach einem **betonten, kurzen Vokal** nur einen **Konsonanten**, wird dieser verdoppelt.

3   Das **h** nach einem **langen Vokal** steht besonders häufig vor den Konsonanten **l, m, n, r.**

1   In wenigen Wörtern wird der **lang gesprochene Vokal** durch die Verdopplung gekennzeichnet.

2   Der **stimmlose s-Laut** wird nach einem **kurzen, betonten Vokal** mit **ss** geschrieben.

2   Der **stimmlose s-Laut** wird nach einem **langen Vokal** oder **Diphthong** mit **ß** geschrieben.

3   Nach einem **Aussagesatz** steht ein **Punkt.** Nach einem **Fragesatz** steht ein **Fragezeichen.**
Nach einem **Ausrufe-** und **Aufforderungssatz** steht meist ein **Ausrufezeichen.**

3   Zwischen **Hauptsatz** und **Nebensatz** muss immer ein **Komma** stehen.

3   Die **wörtliche Rede** wird in **Anführungszeichen** eingeschlossen. Die Satzzeichen ändern sich, je nachdem, ob der Redebegleitsatz vor, nach oder zwischen der wörtlichen Rede steht.

„Rennschwein Rudi Rüssel" – Einen literarischen Text untersuchen

Seite 33

1   a + b Dies wird beim Deutschtest nicht geprüft: mündliches Erzählen

2   a + b Alle Vorgehensweisen sind sinnvoll. Du entscheidest, wie du am besten arbeiten kannst.
Die Tabelle zeigt dir mögliche Gegenargumente auf.

Vorschlag zur Vorgehensweise	Stattdessen:
Als Erstes lese ich den Text als Ganzes aufmerksam durch	Ich überfliege den Text zunächst für einen ersten Eindruck. Später lese ich ihn noch einmal genau, bevor ich die Aufgabe dazu bearbeite.
Ich überfliege alle Aufgaben. So weiß ich, was mich erwartet.	Ich fange lieber sofort mit der ersten Aufgabe an.
Ich bearbeite die Aufgaben der Reihe nach.	Ich beginne lieber mit den Aufgaben, die mir leichtfallen, und nehme mir anschließend Zeit für die schweren Aufgaben.
Ich löse erst jede Aufgabe vollständig, bevor ich zur nächsten übergehe.	Ich löse zunächst alles, was mir leichtfällt. Falls die Zeit nicht mehr für alle Aufgaben reicht, habe ich zumindest alles bearbeitet, was ich konnte.
Zuletzt gehe ich nochmals alle Aufgaben durch und überprüfe, ob ich alles bearbeitet habe.	Ich überprüfe lieber Aufgabe für Aufgabe, ob ich alles bearbeitet habe.

Seite 35

1   Richtig ist:
Abschnitt 1: Diskussion über Gewinn
Abschnitt 2: Zuppi setzt sich durch.
Abschnitt 3: Ferkel zu tragen ist für alle anstrengend.
Abschnitt 4: Vater gibt vorerst nach.

2   Richtig ist:
B Ein Ferkel als Haustier?

3   Richtig ist:
A weil für den Vater Schweine keine Haustiere sind.
C weil Zuppi das Ferkel unbedingt behalten will.

Seite 36

4 Richtig ist:
A Abschnitt 2 und 4
B Abschnitt 1 und 3

5 Richtig ist:
A raucht Pfeife, mag keine Haustiere
B trägt ein Kleid, ist tierlieb

6 Richtig ist:
A führt zum Konflikt hin.
B enthält eine erste Zuspitzung des Konfliktes.
C lässt erkennen, dass der Konflikt noch nicht beendet ist.
D liefert eine überraschende Wendung.

Auswertung: Textzusammenfassung und Textverständnis

Zähle die erzielten Punkte zusammen: _____ **von 19 Punkten**

19 – 16 Punkte	Du hast den Text aufmerksam gelesen und sehr gut verstanden.
15 – 10 Punkte	Den Text hast du insgesamt gut verstanden. Sei an manchen Stellen aufmerksamer.
9 – 5 Punkte	Du hast den Text grob verstanden. Sei jedoch aufmerksamer beim Lesen des Textes und Bearbeiten der Aufgaben.
Weniger als 5 Punkte	Dir fällt es noch schwer, einen literarischen Text zu verstehen. Arbeite gründlicher und erweitere durch weitere Übungen deine Lesefähigkeiten.

Seite 37

7 Richtig ist:
A missfiel
B verboten
C bezweifelte
D gefielen
E entkommen

8 Richtig ist:
A Abstimmung
B vorsichtig
C Wachsamkeit
D folgenlos
E misstrauisch

Auswertung: Ausdrucksvermögen

Zähle die erzielten Punkte zusammen: _____ **von 10 Punkten**

10 – 8 Punkte	Du kannst dich sehr gut ausdrücken und verfügst über einen reichen Wortschatz.
7 – 5 Punkte	Zuweilen fällt es dir schwer, den richtigen Ausdruck zu finden. Erweitere deinen Wortschatz durch Übungen aus dem Kapitel 12.2 im Schülerbuch.
Weniger als 5 Punkte	Dein Ausdrucksvermögen ist noch zu gering. Arbeite im Schülerbuch das Kapitel 12.2 nochmals aufmerksam durch und erweitere dadurch deine Ausdrucksmöglichkeiten.

Seite 38

9 So solltest du verbessert haben:

1) ~~begingten~~: begannen 2) ~~Nutztier halten~~: Nutztier zu halten 3) dabei ~~wurde sie~~: dabei wurde es
4) ~~Seine Nahrung~~: Ihre Nahrung 5) ~~kleinsten Teil~~: kleinen Teil 6) ~~Feldfrüchten~~: Feldfrüchte
7) ~~wird~~ vom Schwein gefressen: werden vom Schwein gefressen 8) ~~Speisenreste~~: Speisereste

10 Richtig ist:

A hielt, nahmen ... zu, kam ... vor, bissen

B gab, wusste

C erschien, war

Seite 39

11 Richtig ist:

A Sie haben **einen inneren Trieb,** ihre Umwelt zu erkunden.

B Ferkel begegnen **anderen Tieren** mit kindlichem Spieltrieb ...

C **Ein ausgezeichneter Geruchssinn** hilft den Schweinen, ...

D Während eines heißen Sommertages ist das Bedürfnis **der Schweine,** ein Schlammbad zu nehmen, ...

E Wegen **ihrer Gefräßigkeit** wühlen Schweine ständig ...

F Dank **der modernen Technik** kann sich ein Schwein ...

Auswertung: Formale Sprachbetrachtung

Zähle die erzielten Punkte zusammen: _____ von 19 Punkten

22 – 19 Punkte	Du beherrschst die wichtigsten grammatikalischen Regeln und kannst sie sicher anwenden.
18 – 15 Punkte	Die wichtigsten grammatikalischen Regeln sind dir vertraut. Du wendest sie überwiegend sicher an.
14 – 9 Punkte	Du beherrschst die Grammatik noch nicht sicher. Die Übungen im Schülerbuch-Kapitel 12.1 helfen dir, sicherer zu werden.
Weniger als 9 Punkte	Du hast noch große Schwierigkeiten, grammatikalisch korrekt zu formulieren. Arbeite im Schülerbuch das Kapitel 12.1 nochmals aufmerksam durch und bearbeite die Übungen.

Seite 40

12 So solltest du verbessert haben:

1) ~~vorzüklichen~~: vorzüglichen 2) Geruchssinn der: Geruchssinn, der 3) im ~~boden~~: im Boden 4) ~~verstekte~~: versteckte
5) ~~gefräsig~~: gefräßig 6) sind wühlen sie: sind, wühlen sie 7) ~~wülen~~: wühlen 8) Boden denn: Boden, denn
9) etwas ~~essbarem~~: etwas Essbarem 10) ~~Vorlibe~~: Vorliebe 11) Kastanien Äpfel: Kastanien, Äpfel (12) ~~Kürbise~~: Kürbisse

Auswertung: Rechtschreibung und Zeichensetzung

Zähle die erzielten Punkte zusammen: _____ von 12 Punkten

12 – 10 Punkte	Du wendest die wichtigsten Rechtschreib- und Zeichensetzungsregeln sicher an.
9 – 6 Punkte	Achte darauf, welche Fehler du nicht erkannt hast. Suche dir die entsprechenden Übungen im Kapitel 14 des Schülerbuchs heraus.
Weniger als 6 Punkte	Du erkennst viele Fehler noch nicht. Arbeite das Kapitel 14 im Schülerbuch nochmals aufmerksam durch und bearbeite die Übungen.

„Überall Waschbären" – Einen Sachtext untersuchen

Seite 42

1 Richtig ist:

Abschnitt 1: Der Lebensraum des nordamerikanischen Waschbären
Abschnitt 2: Bedeutung des Tastsinns bei der Nahrungssuche der Waschbären
Abschnitt 3: Wie sich Waschbären in der Gefangenschaft verhalten
Abschnitt 4: Wie es zur Ansiedlung des Waschbären in Europa kam
Abschnitt 5: Die Folgen der Ausbreitung des Waschbären

Seite 43

2 So hast du richtig verbunden:

A Waschbären nutzen ihren Tastsinn bei der Nahrungssuche, indem sie mit ihren Pfoten ihre Umgebung erforschen
   Waschbären nutzen ihren Tastsinn bei der Nahrungssuche, indem sie mit ihren Pfoten alles perfekt ertasten können.

B Weil Waschbären als Allesfresser nahezu überall Nahrung finden, sind sie sehr anpassungsfähig.
   Weil Waschbären als Allesfresser nahezu überall Nahrung finden, stellen sie an ihren Lebensraum keine großen Ansprüche.

3 Richtig ist:

Dritter Abschnitt: liefert eine Erklärung.
   informiert über weitere Besonderheiten des Waschbären.
Fünfter Abschnitt: greift einen Gedanken aus Abschnitt 1 auf.
   verweist auf die Folgen der im vorherigen Abschnitt beschriebenen Entwicklung.

Seite 44

4 Richtig ist:

A falsch
B nicht enthalten
C richtig

5 Richtig ist:

A richtig
B falsch
C nicht in der Grafik enthalten
D falsch
E richtig

Auswertung: Textzusammenfassung und Textverständnis

Zähle die erzielten Punkte zusammen: _____ von 21 Punkten

21 – 17 Punkte	Du kannst wichtige Informationen aus einem Sachtext und aus einer Grafik erfassen.
16 – 12 Punkte	Du erfasst meist wichtige Informationen aus einer Grafik und einem Sachtext. An einigen Stellen solltest du aufmerksamer lesen.
11 – 7 Punkte	Du erfasst nur die groben Informationen aus einem Sachtext und einer Grafik. Wende die Fünf-Schritt-Lesemethode und die Strategien zum Auswerten von Grafiken sorgfältiger an.
Weniger als 7 Punkte	Dir fällt es noch schwer, aus einem Sachtext und einer Grafik wichtige Informationen zu entnehmen. Wiederhole im Schülerbuch das Kapitel 11.1 und 11.2 und übe die Lesemethode an weiteren Texten.

Seite 45

6 So solltest du verbessert haben:
1) ~~Erfreuung~~: Unterhaltung 2) zur ~~Sicht~~: zur Schau 3) ~~artrichtige~~: artgerechte (4) ~~Wohnraum~~: Lebensraum
5) ~~Bärenräume~~: Bärengehege 6) ~~naturhaften~~: natürlichen 7) ~~weiß~~: kennt

7 Mögliche Lösungen:
A ausgezeichneten
B Anforderungen/Bedingungen

8 Mögliche Lösungen:
A vielseitig
B häufig/oft
C tagsüber

Auswertung: Ausdrucksvermögen

Zähle die erzielten Punkte zusammen: _____ von 12 Punkten

12 – 10 Punkte	Du kannst dich sehr gut ausdrücken und verfügst über einen reichen Wortschatz.
9 – 6 Punkte	Zuweilen fällt es dir schwer, den richtigen Ausdruck zu finden. Erweitere deinen Wortschatz durch Übungen aus dem Kapitel 12.2 im Schülerbuch.
Weniger als 6 Punkte	Dein Ausdrucksvermögen ist noch zu gering. Arbeite im Schülerbuch das Kapitel 12.2 nochmals aufmerksam durch und erweitere dadurch deine Ausdrucksmöglichkeiten.

Seite 46

9 Richtig ist:
A Pronomen
B Nomen
C Verb
D Adverb
E Adjektiv

10 Richtig ist:
A Nicht nur der Waschbär, sondern alle Wildtiere fühlen sich in ihrer **natürlichen** Umgebung am wohlsten.
B Ein Waschbär auf dem Dachboden kann zu **unruhigen** Nächten führen.
C Da Waschbären von Natur aus sehr **neugierig** sind, ...
D In Bayern ist der Waschbär mittlerweile fast überall **heimisch.**

Seite 47

11 Richtig ist:
A adverbiale Bestimmung der Zeit
B Prädikat
C adverbiale Bestimmung des Ortes
D Subjekt
E Dativobjekt

12 Richtig ist:
A Der Braunbär ist, obwohl er in Europa lebt, selten in Bayern zu beobachten.
B Der Braunbär ist eigentlich ein Waldbewohner, aber aufgrund seiner Anpassungsfähigkeit kann er auch andere Lebensräume bewohnen.
C Braunbären sind Allesfresser, die vorwiegend pflanzliche Nahrung zu sich nehmen.
D Da der Braunbär Winterruhe hält, frisst er sich im Herbst viel Fett an.
E Braunbären geben wenig Laute von sich, außer wenn sie verletzt sind oder angegriffen werden.

Auswertung: Formale Sprachbetrachtung

Zähle die erzielten Punkte zusammen: _____ von 19 Punkten

19 – 15 Punkte	Du beherrschst die wichtigsten grammatischen Regeln und kannst sie sicher anwenden.
14 – 6 Punkte	Die wichtigsten grammatischen Regeln sind dir vertraut. Du wendest sie überwiegend sicher an.
Weniger als 6 Punkte	Du hast noch große Schwierigkeiten, grammatisch korrekt zu formulieren. Arbeite im Schülerbuch die Kapitel 12.1 und 13.1. nochmals aufmerksam durch und bearbeite die Übungen.

Seite 48

13 Richtig ist:
wissen, dass, das, ausschließlich, genießbar, Gras, fressen

14 Richtig ist:
Hast du im Zoo schon einmal ein Bärenbaby gesehen? Wenn es im Bärengehege Nachwuchs gibt, steigen häufig die Besucherzahlen im Zoo. Die meisten Zoos bieten auch Stofftiere im Verkauf an, die bei Kindern sehr beliebt sind. Nur selten können Eltern den Bitten ihrer Kinder widerstehen, deshalb finden viele Stoffbärenbabys ein neues Zuhause.

Auswertung: Rechtschreibung und Zeichensetzung

Zähle die erzielten Punkte zusammen: _____ von 13 Punkten

13 – 11 Punkte	Du wendest die wichtigsten Rechtschreib- und Zeichensetzungsregeln sicher an.
10 – 6 Punkte	Achte darauf, welche Fehler du nicht erkannt hast. Suche dir die entsprechenden Übungen im Kapitel 14 des Schülerbuchs heraus.
Weniger als 6 Punkte	Du erkennst viele Fehler noch nicht. Arbeite das Kapitel 14 im Schülerbuch nochmals aufmerksam durch und bearbeite die Übungen.

Mit treffenden Verben und anschaulichen Adjektiven lebendig erzählen

4 Jakob hat seinen ersten Erzählschritt gestaltet und dabei das Verb <u>sagen</u> verwendet.
Schreibe den Erzählschritt in dein Heft und ersetze jedes „sagte" durch ein treffenderes Verb.
Der Wortspeicher hilft dir.

> fragen ▪ erklären ▪ erwidern ▪ antworten ▪
> meinen ▪ warnen ▪ rufen ▪ jubeln ▪ jammern ▪
> flüstern ▪ schreien ▪ vorschlagen ▪ prahlen

> Damit sich deine Leser deine Erlebnisse gut
> vorstellen können, musst du **treffende Verben**
> und **anschauliche Adjektive** verwenden.

Kaum waren wir auf dem Feldweg, trat ich erst so richtig in die Pedale. „Na, wo bleibt ihr denn?", sagte ich nach hinten. Lina sagte irgendetwas, aber das konnte ich durch den Fahrtwind nicht verstehen. „Mit meinem neuen Bike werdet ihr mich heute nur von hinten sehen!", sagte ich, als sie fast herangekommen waren. „Also gut", sagte Lina, „wer zuerst an der Weggabelung ist!"

5 Entscheide, welche Adjektive in den Klammern Jakobs Erzählung des zweiten Erzählschrittes anschaulicher machen und welche nicht. Manchmal passen mehrere Vorschläge. Streiche die unpassenden Adjektive durch.

Für das Stehpaddeln musste man sich erst in eine (lange/unangenehme/gefährliche) Schlange einreihen. Daher dauerte es (kurz/ewig/unglaublich), bis ich endlich an der Reihe war. (Hilflos/Freudig/Gespannt) sprang ich auf das Board und stieß mich (vorsichtig/schwungvoll/riesig) ab. Schon glitzerte unter mir das (ungewöhnliche/eiskalte/klare) Wasser, über das ich (pfeilschnell/schwankend/hastig) voranglitt. (Behutsam/Unsicher/Aufgebracht) setzte ich das Paddel wieder ins Wasser.

Erzähltricks einsetzen

> Deine Geschichte wird besonders lebendig, wenn du **Erzähltricks** einbaust. Du kannst
> – **sprachliche Bilder verwenden,** z. B.: *Schnell wie der Blitz …*
> – **Wörter oder Wendungen wiederholen,** z. B.: *Schneller und schneller trat ich in die Pedale …*
> – **wörtliche Rede und Gedankenrede einbinden,** z. B.: *Mich holt ihr nie ein, dachte ich siegessicher.*

6 Mitreißender wird eine Erzählung, wenn die Leser erfahren, was dem Ich-Erzähler in besonders aufregenden Momenten durch den Kopf gegangen ist (Gedankenrede).
Trage in die Gedankenblasen ein, was Jakob beim Stehpaddeln durch den Kopf gehen könnte.

7 **a** Wähle aus den folgenden Sätzen jeweils diejenigen aus, die Jakobs Erzählung des dritten Erzählschrittes lebendig und anschaulich werden lassen. Streiche die andere Möglichkeit durch.

A Es war heiß. / Die Sonne brannte vom Himmel.

B Der Schweiß rann uns in Strömen über die Haut. / Die Hitze war spürbar.

C Wir überlegten, ein Eis zu essen. / „Ich habe so große Lust auf ein kühles Eis!"

D Ich schleckte und schleckte, aber das Eis tropfte trotzdem von der Waffel. /

Ich schleckte, aber das Eis tropfte trotzdem von der Waffel.

b Unterstreiche in den Sätzen die verwendeten Erzähltricks mit unterschiedlichen Farben: sprachliche Bilder grün, Wiederholungen gelb und wörtliche Rede blau.

8 Wende nun selbst Erzähltricks an, indem du die folgenden Sätze vervollständigst.

A Die Eisverkäuferin formte _____ .

B Ich freute mich auf ein Eis so groß wie _____ .

C Als Lina mein Eis sah, rief sie: _____ .

Die zeitliche Abfolge beachten

9 Unterstreiche in den folgenden Sätzen alle Wortgruppen, die erklären, wann etwas geschieht. Durch solche Angaben wird eine Geschichte noch anschaulicher.

Es war schon später Nachmittag, als wir uns auf den Heimweg machten. Wer voranfuhr, war uns diesmal gar nicht wichtig. Eine Weile lang radelten wir nebeneinander und unterhielten uns. Doch als wir zehn Minuten später an die Weggabelung zur Staatsstraße kamen, passierte es: Viel zu spät sahen wir die Glasscherben, die dort überall auf dem Boden lagen.

Deine Erzählung wird für deine Leser nachvollziehbar, wenn du erklärst, in welcher zeitlichen Abfolge sich das Geschehen ereignet hat.

10 Schreibe nun die Erzählschritte deiner eigenen Erzählung. Erzähle anschaulich und lebendig mit treffenden Verben und Adjektiven. Nutze auch die Erzähltricks. Beachte die genaue zeitliche Abfolge. Schreibe in dein Heft.

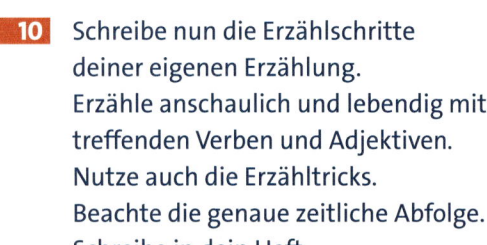

Den Ausgang gestalten

11 **a** Lies den Ausgang von Jakobs Erzählung.

Es dauerte noch eine gute Weile, bis endlich das Auto meines Vaters auftauchte. Lina und Sinan warteten, bis wir mein Mountain-Bike im Kofferraum verstaut hatten, und radelten dann zu zweit weiter. Ich warf ihnen einen sehnsüchtigen Blick hinterher. Dann ließ ich mich erschöpft auf die Rückbank fallen. „Mach dir nichts daraus!", versuchte mich mein Vater aufzumuntern, „zu Hause zeig ich dir, wie man den Reifen flickt, und dann kannst du auch wieder deine Runden drehen." Ich nickte nur müde. Jetzt würde ich wirklich der Erste zuhause sein. Aber so hatte ich mir das heute früh natürlich nicht vorgestellt.

> Der Ausgang einer Geschichte rundet die Erzählung ab. Dies gelingt dir, wenn du ...
> **A** den Ausgang des Erlebnisses offenlässt,
> **B** auf den Anfang der Geschichte zurückgreifst,
> **C** einen abschließenden Gedanken äußerst,
> **D** erzählst, **wie die beteiligten Figuren** auf die Handlung **reagiert haben.**

b Lies noch einmal den Tipp oben. Überlege, welche der Möglichkeiten Jakob für seinen Ausgang gewählt hat.

Jakob hat die Möglichkeiten _____ und _____ gewählt.

12 Schreibe nun einen abschließenden Ausgang für deine Geschichte. Finde eine treffende Überschrift.

E Die Erzählung überarbeiten

1 **a** Prüfe deine Erzählung mit Hilfe der Checkliste.
  b Überarbeite deine Erzählung. Eine Musterlösung findest du im Lösungsheft auf S. 3.

Checkliste ✔

ja	nein	Kriterien
☐	☐	Ist eine **treffende Überschrift** gewählt?
☐	☐	**Informiert** die **Erzählsituation** über **Ort, Zeit** und die **Hauptfigur** und **macht** sie **neugierig** auf die Geschichte?
☐	☐	**Folgen** die **Erzählschritte** schlüssig aufeinander?
☐	☐	**Enthält** die Erzählung **treffende Verben** und **anschauliche Adjektive**?
☐	☐	Wird **wörtliche Rede** und/oder **Gedankenrede** verwendet?
☐	☐	Sind **Erzähltricks** wie sprachliche Bilder oder gezielte Wiederholungen **eingesetzt**?
☐	☐	**Rundet** der **Ausgang** die Geschichte ab?
☐	☐	**Ist im Wesentlichen in der Zeitform Präteritum geschrieben?**
☐	☐	**Sind Rechtschreibung und Zeichensetzung geprüft?**

Gespenstergeschichten – Zu Bildern erzählen

Stell dir vor, du erhältst in der nächsten Schulaufgabe folgende Aufgabenstellung:

Schreibe zu den folgenden Bildern eine Gespenstergeschichte:
Bringe zuerst die Bilder in die richtige Reihenfolge. Erzähle dann spannend und anschaulich eine Geschichte.

A Die Aufgabenstellung richtig verstehen

1 a Markiere in der Aufgabenstellung oben, was wichtig ist.
   b Kreuze für jede der folgenden Aussagen an, ob sie zutrifft oder nicht.

	trifft zu	trifft nicht zu
A Ich mache mir einen ersten Eindruck von den Bildern und schreibe dann drauflos.	☐	☐
B Ich schreibe eine Gespenstergeschichte, die genau zu den Bildern passt.	☐	☐
C Spannend wird eine Geschichte durch wörtliche Rede und die Darstellung von Gefühlen und Sinneseindrücken (hören, riechen, fühlen).	☐	☐
D Spannend wird eine Geschichte, wenn möglichst viel passiert.	☐	☐

B Ideen sammeln

1 Nummeriere die Bilder in der richtigen Reihenfolge für eine Gespenstergeschichte.

2 a Übertrage die Bildnummern ins Heft: Notiere zu jedem Bild stichwortartig Ideen für die Geschichte und lasse danach eine Zeile frei.
   b Trage in die freien Zeilen Ideen ein, was zwischen den Bildern geschehen könnte.

> Gib den Figuren in der Geschichte einen Namen.

C Einen Schreibplan erstellen

1 Plane den Aufbau deiner Geschichte:
- Fasse für jedes Bild die Handlung in einem Satz zusammen.
- Trage ihn in den Schreibplan unten ein.

> Um die Leserinnen und Leser zu fesseln, musst du die Spannung schrittweise steigern. Die Leserfieberkurve hilft, die Erzählschritte zu ordnen. Sie zeigt, wie die Spannung langsam steigt und schließlich zum Höhepunkt kommt, bevor sie zum Schluss hin wieder abfällt.

Erzählschritte	Bild Nr.	Handlung in einem Satz
Erzählsituation	_____	_____
Erzählschritt 1	_____	_____
Erzählschritt 2	_____	_____
Erzählschritt 3	_____	_____
Ausgang	_____	_____

2 Lege den Höhepunkt deiner Geschichte fest: Zeichne eine Lesefieberkurve (▶ Umschlaginnenseite hinten) zu deiner Geschichte ins Heft. Kennzeichne den Erzählschritt, der den Höhepunkt darstellt, mit einem Kreuz.

D Schreibtraining

Abwechslungsreiche Satzanfänge

1 Trage die angebotenen Satzanfänge passend in die Lücken im Text unten ein.

> **Abwechslungsreiche Satzanfänge** bewirken, dass eine Erzählung nicht langweilig wirkt.

> Aber ▪ Nun ▪ Plötzlich ▪ Dafür ▪ Sogleich ▪ Sofort

Die beiden Gespenster Carl und Edward lebten schon sehr lange im Schloss.

Eines Abends war ihnen mal wieder so richtig langweilig. _____ kam Carl eine Idee.

„Du, Edward, im Augenblick haben wir doch Gäste in unserem Schloss, sollen wir die nicht mal

richtig erschrecken? _____ holen wir unsere schwersten Ketten aus dem

Keller und machen denen so richtig Angst." _____ setzten die beiden

ihren Plan in die Tat um. „ _____ ", sagte Carl, „wer könnte denn am meisten

Angst vor uns haben?" „Ich glaube, der Junge, der traute sich noch nicht einmal allein

ins Bett. Das wird ein Riesenspaß." _____ machten sich die beiden auf

den Weg. _____ waren es nur noch wenige Meter bis zur Tür des Jungen.

Das Rasseln der Ketten war jetzt unüberhörbar. Die beiden setzten ihre grimmigsten Mienen auf …

Gefühle, Gedanken und Sinneseindrücke einfügen

2 Stell dir vor, die Hauptfigur heißt Tim.
Als Tim aufwacht, ist er sehr erschrocken.
Beschreibe seinen Gesichtsausdruck (Mimik)
und seine Körpersprache (Gestik):
Notiere drei weitere Beispiele.

Tim standen die Haare zu Berge.

_____

_____

3 Male dir aus, was Tim in diesem Moment denkt
und wie er sich fühlt: Finde für seine Gedanken
und Gefühle treffende sprachliche Wendungen.

> Gestalte die **Gefühle und Gedanken** einer Figur aus,
> damit die Leserin/der Leser mitfiebert. Beschreibe
> auch die körperlichen Reaktionen, also **Gestik und
> Mimik**: Wie reagiert die Figur auf die Ereignisse?

Gedanken

*„Was ist denn los?"
Er wusste nicht, wie
ihm geschah.*

Gefühle

*Er war schlagartig
wach. Sein Herz
pochte wie wild.*

4 Die Sätze geben wieder, was Tim sieht, hört und riecht.
Schreibe die Sätze passend unten auf die Linien.

Die Gespenster rasselten mit ihren Ketten. Ein modriger Gestank erfüllte den Raum.

Zwei weiße Schemen flogen unruhig hin und her. Sie heulten und jaulten furchterregend.

An den Wänden tanzten langen Schatten. Draußen heulte der Wind.

Der Staub von Jahrhunderten kroch in Tims Nase.

Tim sieht: _____

_____

Tim hört: _____

_____

Tim riecht: _____

_____

Wörtliche Rede abwechslungsreich formulieren

5 Im folgenden Ausgang der Geschichte wird häufig das Verb <u>sagen</u> benutzt. Schreibe den Ausgang in dein Heft. Wähle dabei abwechslungsreiche Verben. Vergleiche deine Überarbeitung mit dem Lösungsheft.

> Wörtliche Rede macht eine Geschichte lebendig, wenn sie gut zur Situation passt und nicht zu langatmig ist. Achte auch auf abwechslungsreiche Verben in den Begleitsätzen, z. B. *rufen, antworten, flüstern* statt *sagen*.

VORSICHT FEHLER!

Siegessicher sagte Tim zu den Gespenstern: „Wollen wir Karten spielen?" Sie sagten sofort begeistert: „Ja!" „Na also", sagte Tim, „und welches Spiel mögt ihr am liebsten?" „Mau-Mau", sagten die Gespenster fröhlich. „Ich übernehme das Mischen und Austeilen der Karten", sagte Edward. Tim war es recht. Er sagte: „Hoffentlich hören uns meine Eltern nicht."

6 Schreibe eine vollständige Gespenstergeschichte zu den Bildern auf S. 10.

E Die Gespenstergeschichte überarbeiten

1 Lies Majas Gespenstergeschichte und überarbeite sie mit Hilfe der Fragen.

Die beiden gespenster

(Erzählsituation) Es waren einmal zwei gespenster, die sich sehr langweilten. Sie hießen Carl und Edward und sie hatten eines Abends Lust, einen kleinen Jungen zu erschrecken. Also holten sie sich Ketten. (Ereignis) Punkt 12 Uhr schwebten sie zu dem Zimmer des Jungen. Der Junge hat tief und fest geschlafen. Plötzlich und mit lautem Getöse fingen Carl und Edward an, mit den Ketten zu raseln. Der Junge ist auf-
5 gewacht, sah die beiden gespenster und erschrak fürchterlich. „Was wollt ihr von mir?", sagte der Junge ängstlich. „Wir wollen dich in die tiefen Tiefen des alten Gewölbes entführen", sagten die beiden. Tim fasst sich ziemlich schnell wieder. Kurz vorm Einschlafen hatte er nämlich in einem Buch aus der Schlossbibliothek herumgestöbert: „Handbuch zum richtigen Umgang mit gespenstern". Schnell blättert es durch. Auf Seite 396 wurde er fündig, dort stand: „Wollen dich gespenster entführen, so tun sie das aus Langeweile.
10 Fordere sie zu einer Partie Mau Mau auf. Sie werden nicht widerstehen können." Gesagt, getan. (Ausgang) Schnell freundete sich Tim mit Carl und Edward an und die drei hatten eine Menge Spaß, nicht nur beim Kartenspielen. Langweilig war ihnen bestimmt nicht mehr.

– Hat Maja eine **passende Überschrift** gewählt?
– Ist ihre Geschichte **logisch aufgebaut**?
– Hat sie **abwechslungsreiche Satzanfänge** gewählt?
– Ist ihr Ereignis **spannend** und **anschaulich**?
– Ist ihr die Beschreibung von **Sinneseindrücken, Gefühlen** und **Gedanken** gelungen?
– Hat sie im **Präteritum** geschrieben?
– Hat sie **wörtliche Rede** verwendet?
– Hat sie ihre Geschichte auf **Rechtschreibung** und **Zeichensetzung** überprüft?

2 Überarbeite deine eigene Geschichte mit Hilfe der Fragen.

„Mehr als ein Spiel" – Eine Geschichte fortsetzen

Stell dir vor, du erhältst in der nächsten Schulaufgabe folgende Aufgabenstellung:

> Lies aufmerksam den Auszug aus dem Romananfang „Mehr als ein Spiel" von Sigrid Zeevaert.
> Setze die Geschichte fort und finde einen passenden Ausgang.

Sigrid Zeevaert

Mehr als ein Spiel

Frieda schloss die Wohnungstür auf und horchte. Alles war still. Also war Bastian gar nicht zu Hause und sie war allein. Mama und Papa kamen ja erst gegen fünf von der Arbeit zurück. [...]

5 Manchmal fand sie es schön, allein zu Hause zu sein. Dann schimpfte wenigstens keiner, wenn sie sich – so wie jetzt – schnell aus dem Kühlschrank bediente oder verschiedene Schubladen des Wohnzimmerschranks aufzog, um nachzusehen, was alles darin war. [...] Sie fand so allerhand, schob die Schublade schließlich wieder zu, weil ihr einfiel, dass in Bastians Zimmer ja die Musikanlage mit den großen Boxen stand, die er sich neu gekauft hatte.

Schnell sauste sie in sein Zimmer hinüber und stand vor dem Gerät. [...] Bastian bekam garantiert einen Tobsuchtsanfall, wenn er merkte, dass sie daran herumgespielt hatte. Blöder Bastian. Der tat ja so, als gäbe es nichts Schrecklicheres, als eine kleine Schwester zu haben. Dabei war Frieda doch nett.

20 Sehr nett sogar. Und wenn sie mal an die Badezimmertür klopfte, weil sie ganz dringend musste, dann war das doch längst kein Grund, gleich wieder so zu fluchen. Für Bastians Pickel konnte sie schließlich ja nichts.

25 Auf seinem Regal entdeckte Frieda ein Fernglas. Sie nahm es, sah hindurch, konnte aber kaum etwas erkennen.

Frieda zögerte. Wenn sie es sich schnell mal auslieh und auf die Straße hinunterging, um es richtig auszuprobieren, würde Bastian nichts davon merken. Bis er kam, war sie ja längst wieder zurück und das Fernglas stand an seinem Platz, so wie sonst auch.

Frieda zog die Tür hinter sich zu, lief die Treppe hinunter, [...] zog auf der Straße das Fernglas hervor, 35 hielt es sich auf die Nase und sah hindurch.

Ganz anders sah alles aus, weil es auf einmal so nah war. Da war der Park, auf der Bank saß ein Pärchen und küsste sich. Frieda guckte genauer hin, auch auf die Taube, die gleich daneben an einem Brötchen herumpickte. Ein Mofa fuhr vorbei und Frieda versuch-40

te ihm mit dem Fernglas zu folgen, was gar nicht so leicht war. ... [...]

„Suchst du was?", fragte plötzlich eine Stimme hinter ihr.

Erschrocken wandte Frieda sich um. 45

Ein Junge stand da, kaute auf einem Kaugummi herum und grinste.

„Nein", sagte Frieda schnell. „Ich gucke nur so."

„Ist das dein Fernglas?", fragte der Junge.

„Sozusagen." 50

Der Junge nickte. „Nicht schlecht", murmelte er.

Frieda zuckte mit den Achseln. „Ich habe es meistens dabei", log sie. „Weil man viel mehr damit sieht als andere."

„Logisch." Der Junge steckte die Hände in die Hosentaschen. „Ich brauche trotzdem keins." 55

„Ich schon." Frieda sah noch einmal hindurch. [...]

„Zeig mal!"

Frieda gab dem Jungen das Fernglas, er guckte, pfiff plötzlich durch die Zähne und sagte: „Gar keine 60 schlechte Idee!"

Frieda verstand nicht so ganz.

„Hör zu!", fuhr der Junge fort. „Würdest du es mir für eine halbe Stunde leihen? Du kriegst es auf alle Fälle wieder zurück." Er hob feierlich die Hand. „Ich 65 halte, was ich verspreche."

Frieda holte Luft. „Aber es geht nicht, weil ..." Sie stockte. „Und wozu brauchst du es?"

„Ist leider geheim."

Frieda biss sich auf die Lippe. „Also gut", sagte sie 70 dann. „Für eine halbe Stunde gebe ich es dir. Aber keine Sekunde länger."

Der Junge nahm es, war fast schon um die Ecke verschwunden, blieb dann noch mal stehen und sagte: „Übrigens heiße ich Tom. Und du?" 75

A Die Aufgabenstellung richtig verstehen

1 **a** Markiere in der Aufgabenstellung oben, was wichtig ist.
b Ergänze den Lückentext mit den unten stehenden Begriffen.

Ich soll eine Geschichte _____ , von der ich den _____ vor

mir liegen habe. Dabei muss ich besonders darauf achten, dass meine _____ zur Erzählweise

und zur _____ der literarischen Vorlage passt. Wichtig ist auch, dass ich mir für meine

Erzählung einen passenden _____ ausdenke.

> Sprache ▪ Anfang ▪ weitererzählen ▪ Fortsetzung ▪ Ausgang

B Ideen sammeln

1 Beantworte zunächst die folgenden Fragen zum Text.
Schreibe die Antworten in ganzen Sätzen in dein Heft.

A Wie findet es Frieda, dass niemand außer ihr zu Hause ist?

B Was macht sie, als sie allein ist?

C Wie ist ihr Verhältnis zu ihrem Bruder Bastian?

D Warum geht sie mit dem Fernglas auf die Straße?

E Wieso bemerkt sie Tom zunächst nicht?

F Was möchte Tom von Frieda?

G Wie endet die Textstelle?

> Um die Geschichte fortzusetzen, ist es wichtig, dass du den Inhalt des Textes verstanden hast und genau weißt, **welche Figuren** beteiligt sind und **was bisher passiert ist.** Es hilft dir, wenn du dazu wichtige Informationen im Text unterstreichst.

2 Es gibt unterschiedliche Möglichkeiten, die Geschichte fortzusetzen.
Vervollständige dazu den Cluster.

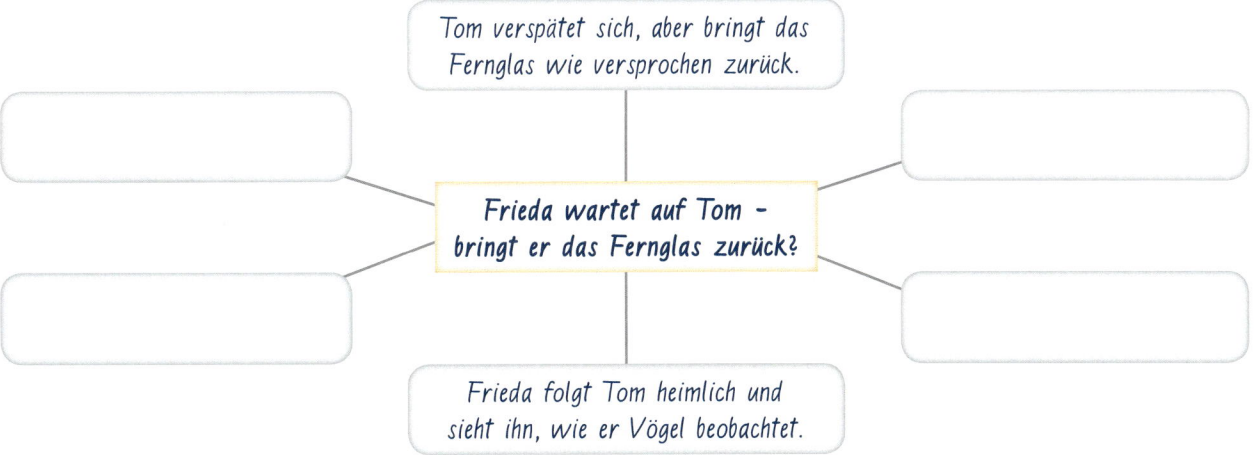

3 Überlege, welche Fortsetzung der Geschichte dir am besten gefällt.
Markiere sie im Cluster.

C Einen Schreibplan erstellen

1 Um eine spannende Geschichte zu erzählen, musst du dir vorher Gedanken zum Aufbau machen.
Erstelle dazu im Heft einen Schreibplan für die Fortsetzung deiner Geschichte nach dem folgenden Muster.

Erzählsituation: *Frieda leiht einem unbekannten Jungen das Fernglas ihres Bruders.*

Ereignis: 1. *Erzählschritt: Frieda schleicht Tom misstrauisch hinterher bis in den Stadtpark.*
2. *Erzählschritt: Sie sieht, dass ...*
3. *Erzählschritt: Frieda entdeckt Tom ...*

Höhepunkt: *...*

Ausgang: *Sie verabreden, das Nest in den nächsten Tagen gemeinsam zu beobachten.*

D Schreibtraining: Spannend und anschaulich erzählen

1 Untersuche die Sprache der literarischen Vorlage, bevor du deine Fortsetzung schreibst.
Kreuze die richtigen Antworten an.

A ☐ Ich schreibe in der Ich-Perspektive.

☐ Ich schreibe in der Sie-/Er-Perspektive.

B ☐ Ich erzähle im Präsens.

☐ Ich erzähle im Präteritum.

C ☐ Ich verwende wörtliche Rede und Gedankenrede.

☐ Ich verwende keine wörtliche Rede und Gedankenrede.

D ☐ Ich schreibe eher sachlich.

☐ Ich übernehme die Erzählweise der Vorlage.

2 Das Schreiben der ersten Sätze ist manchmal das Schwierigste.
Nimm den letzten Satz der literarischen Vorlage als Ausgangspunkt.
Schreibe von da an weiter bis zum Höhepunkt.
Du könntest so beginnen:

„Übrigens heiße ich Tom. Und du?" – Frieda starrte ihn immer noch verwirrt an. „Frieda!", rief sie dann, aber da war der Junge bereits verschwunden ...

3 Paul und Tina haben Fortsetzungen geschrieben.
Lies die Fortsetzungen und überlege, welche Ausgestaltung des Höhepunktes gelungen ist und welche nicht.
Begründe deine Meinung in deinem Heft.

Paul: *„Hey, was soll das?", rief Tom aufgebracht. „Bist du mir etwa gefolgt?" Frieda wollte am liebsten im Boden versinken, so sehr fühlte sie sich ertappt. „Na ja", murmelte sie, „ich war mir nicht sicher, ob ich dir trauen kann." Tom stutzte und sah sie eindringlich an ...*

Tina: *Tom kam auf Tina zu. Tina nahm ihren ganzen Mut zusammen und erklärte Tom, warum sie ihm heimlich gefolgt war ...*

> Der **Höhepunkt** einer Geschichte sollte spannend und anschaulich erzählt werden.
> Dies gelingt, wenn du
> – wörtliche Rede und Gedankenrede verwendest,
> – die Gedanken und Gefühle der Figuren genau beschreibst,
> – anschauliche Adjektive und treffende Verben verwendest.

Den Ausgang einer Geschichte kannst du unterschiedlich gestalten. Du kannst:
- **den Ausgang der Geschichte offenlassen,** sodass Fragen bei den Lesern entstehen,
- **auf den Anfang der Geschichte zurückgreifen,** sodass die Erzählsituation und der Ausgang einen Rahmen um das Ereignis bilden,
- **einen abschließenden Gedanken äußern,**
- erzählen, **wie die beteiligten Figuren** auf die Handlung **reagiert haben.**

4 Setze deine Geschichte weiter fort. Schreibe die Ausgestaltung deines Höhepunktes in dein Heft.

5 Eine gute Geschichte hat einen gelungenen Ausgang.
Schreibe nun den Ausgang deiner Geschichte in dein Heft.

6 Gib an, welche Schlusssätze du für einen gelungenen Ausgang geeignet findest.
Begründe anschließend deine Wahl.

A ☐   Als Tom ging, lächelte Frieda ihm hinterher. Sie freute sich schon auf morgen.

B ☐   Ende gut, alles gut. Und wenn sie nicht gestorben sind, dann leben sie noch heute.

C ☐   Frieda war sich nicht sicher, für wen sie sich eigentlich mehr interessierte: für die Vögel oder für Tom.

D ☐   Sie trafen sich fortan öfter und wurden richtig gute Freunde.

E ☐   Hoffentlich würde es ihr morgen wieder gelingen, Bastians Fernglas mitzubringen.

Ich finde die Sätze _____ *gut, weil* _____

_____

_____

E Die Fortsetzung überarbeiten

1 Gehe die Checkliste durch und überarbeite, wenn nötig, deinen Text.

Checkliste ✔

ja	nein	Kriterien
☐	☐	Ist die Fortsetzung **spannend** und **anschaulich** und enthält:
☐	☐	– **wörtliche Rede** und **Gedankenrede**
☐	☐	– **anschauliche Adjektive** und **treffende Verben**
☐	☐	– **Gedanken und Gefühle** der Figuren?
☐	☐	Ist die Geschichte **logisch aufgebaut?** (z. B. Reihenfolge der Ereignisse)
☐	☐	Hat die Geschichte einen **Höhepunkt?**
☐	☐	Ist die Geschichte **sinnvoll abgeschlossen?**
☐	☐	Ist das richtige Tempus (hier: **Präteritum**) verwendet?
☐	☐	Ist die Geschichte auf **Rechtschreibung** und **Zeichensetzung** überprüft?

Sich in ein Tier verwandeln –
Einen Vorgang beschreiben

Stell dir vor, du erhältst in der nächsten Schulaufgabe folgende Aufgabenstellung:

Deine Klasse hat im Deutschunterricht das Theaterstück von Helen Gori „Ein Mensch vor dem Gericht der Tiere" besprochen, in dem Tiere auftreten. Du selbst wirst als Frosch mitspielen. Fertige eine genaue Schminkanleitung deiner Froschmaske an. Nutze dazu die folgenden Bilder.

 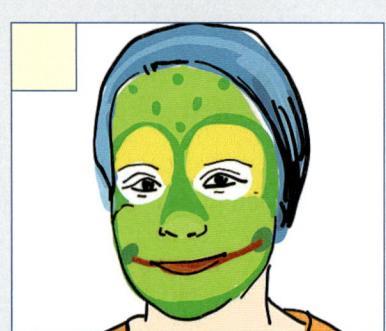 

 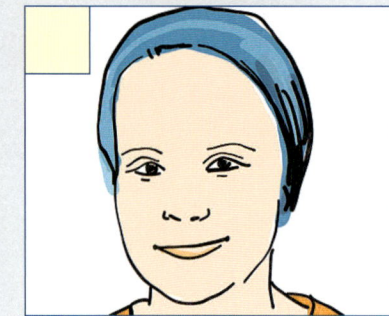 

A Die Aufgabenstellung richtig verstehen

1 a Markiere in der Aufgabenstellung oben, was wichtig ist.
   b Prüfe, ob du verstanden hast, was du machen sollst. Kreuze die richtigen Antworten an:

Ich soll:

A ☐ über das Leben eines Frosches informieren.

B ☐ den Ablauf des Schminkens genau beschreiben.

C ☐ als Tempus das Präsens wählen.

D ☐ meine Meinung über das Maskenbild äußern.

E ☐ eine sachliche Sprache verwenden.

F ☐ Preisangaben zu den Materialien machen.

G ☐ nur die wichtigsten Tätigkeiten beschreiben.

H ☐ auf eine logische Reihenfolge achten.

B Informationen sammeln

1 Bringe die Abbildungen in die richtige Reihenfolge, indem du sie nummerierst.

2 Die folgenden Materialien werden benötigt. Kreuze an, welche davon du auf den Bildern siehst.

☐ Schminkfarben ☐ feiner Pinsel ☐ mittlerer Pinsel

☐ breiter Flachpinsel ☐ Schwämmchen ☐ breites Haarband

C Einen Schreibplan erstellen

1 Eine Vorgangsbeschreibung besteht in der Regel aus drei Teilen.

a Trage bei den folgenden Beschreibungen ein, ob es sich um den ersten, den zweiten oder den dritten Teil handelt.

Der _____ Teil nennt alle Materialien und Werkzeuge, die zur Ausführung des Vorgangs benötigt werden.

Der _____ Teil beschreibt die Arbeitsschritte in der richtigen Reihenfolge. Auch das Ergebnis des Vorgangs muss am Ende genannt werden.

Im _____ Teil kannst du den Zweck des Vorgangs hervorheben oder einen besonderen Tipp geben.

b Notiere, in welchem Teil der Vorgangsbeschreibung du auf die Bilder von S. 18 eingehen musst.

_____

2 Bereite nun die Vorgangsbeschreibung vor, indem du zu jeder Bildnummer stichwortartig aufschreibst, was zu tun ist. Die angebotenen Nomen und Verben helfen dir dabei.

Haare ▪ Augenbraue ▪ Lid ▪ Gesicht ▪ Auge ▪ Kreis ▪ Linie ▪ Mundwinkel ▪ Unterlippe ▪ Farbtupfer ▪ Mund ▪ Nase ▪ Augenumrandungen ▪ Pinsel ▪ Schwämmchen ▪ Haarband

ausmalen ▪ ziehen ▪ abdecken ▪ anmalen ▪ reinigen ▪ nachziehen ▪ verlängern ▪ zeichnen ▪ verteilen ▪ auftragen ▪ abnehmen ▪ zurücknehmen ▪ schminken ▪ anziehen

Bild 1: _____

_____

_____

_____

_____

_____

_____

_____

D Schreibtraining

Eine Anredeform wählen

1 **a** Lege die Anredeform für deine Vorgangsbeschreibung fest. Kreuze an.

☐ „du"-Form ☐ Imperativform ☐ „man"-Form

b Formuliere einen ersten Satz für den ersten Teil in dieser Anredeform aus.

_____

_____

c Du kannst die „du"-Form und die Imperativform auch variieren. Begründe, warum das sinnvoll sein kann.

_____

_____

Abwechslungsreich formulieren mit Verknüpfungswörtern

2 Sammle und notiere weitere Verknüpfungswörter, die den Handlungsverlauf deutlich machen.

zuerst: _____

_____

anschließend: _____

_____

zum Schluss: _____

_____

Genau formulieren mit Adjektiven

3 Sammle und notiere weitere Adjektive für die genaue Vorgangsbeschreibung.

Farben: _hellgrün, gelb,_ _____

_____

Formen: _oval,_ _____

_____

Arbeitsweise: _sorgfältig,_ _____

_____

Abwechslungsreich schreiben

4 **a** Unterstreiche in jedem der folgenden Sätze die Prädikate.

Die Schminke lässt sich mit einem Schwämmchen auftragen.

Du trägst die Schminke mit einem Schwämmchen auf.

Trage die Schminke mit einem Schwämmchen auf.

Man trägt die Schminke mit einem Schwämmchen auf.

b Wandle wie im Beispiel oben folgende Sätze um.

A Um jedes Auge lässt sich ein Kreis malen.

_____

_____

B Einige Farbtupfer lassen sich im Gesicht verteilen.

_____

_____

5 Verfasse eine vollständige Vorgangsbeschreibung „Ein Froschgesicht schminken".
Schreibe in dein Heft. Denke auch an eine Überschrift.

E Die Vorgangsbeschreibung überarbeiten

1 Überarbeite deine Vorgangsbeschreibung mit Hilfe der Checkliste.
Prüfe besonders: Hast du den gesamten Vorgang genau und verständlich dargestellt?

Checkliste ✔

ja	nein	Kriterien
☐	☐	Ist die Beschreibung richtig in **drei Teile gegliedert** und sind diese durch **Absätze** deutlich voneinander getrennt?
☐	☐	Werden **alle Materialien** aufgezählt?
☐	☐	Werden die Gegenstände so **benannt,** wie sie in der Auflistung bezeichnet werden?
☐	☐	Sind die einzelnen **Schritte** des Vorgangs in einer **sinnvollen Reihenfolge** benannt?
☐	☐	Wird der Ablauf **vollständig, sachlich und genau** dargestellt?
☐	☐	Wird eine weitgehend **einheitliche Form der Anrede** verwendet?
☐	☐	Ist die Beschreibung **im Präsens** verfasst?
☐	☐	Sind die Arbeitsschritte durch **passende Verknüpfungswörter** verbunden?
☐	☐	Werden **treffende Verben** und **Adjektive** verwendet?

Wenn etwas passiert – Einen Unfallbericht schreiben

Stell dir vor, du erhältst in der nächsten Schulaufgabe folgende Aufgabenstellung:

Schreibe mit Hilfe der Bilder einen Unfallbericht an eine Versicherungsgesellschaft. Informiere knapp, vollständig und in der richtigen Reihenfolge über den Unfallhergang.

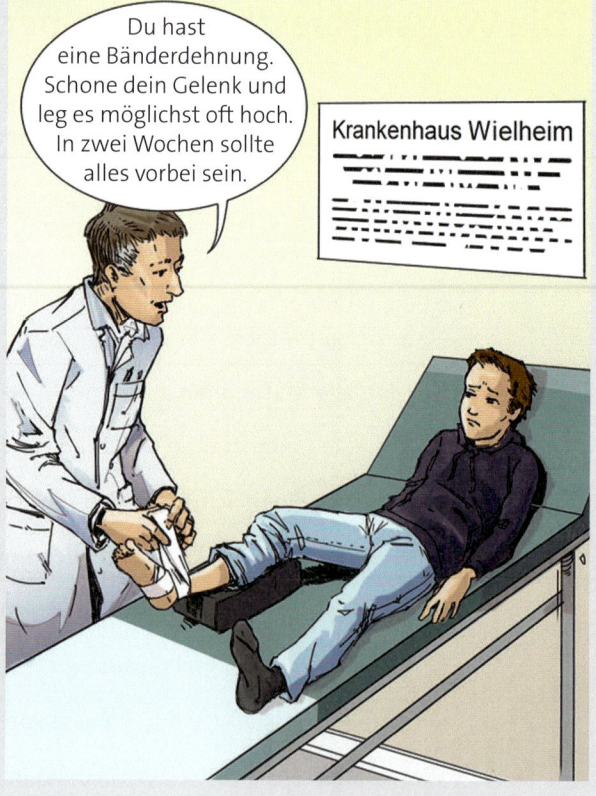

A Die Aufgabenstellung richtig verstehen

1 a Markiere in der Aufgabenstellung auf S. 22, was wichtig ist.

b Lies die hintere Umschlaginnenseite. Rufe dir dadurch in Erinnerung, was einen Bericht von einer Erzählung unterscheidet. Übertrage dann die folgenden Stichworte geordnet in die Tabelle.

> sachlich ▪ Gedanken und Gefühle ▪ richtige zeitliche Abfolge ▪ Beantwortung der W-Fragen ▪
>
> Spannung ▪ knapp ▪ wörtliche Rede ▪ ausdrucksstarke Wörter und Wendungen

Bericht	Erzählung

B Informationen sammeln

1 Ein Bericht beantwortet die W-Fragen.
Schreibe zuerst die W-Fragen in einer sinnvollen Reihenfolge untereinander.

> Wie trug es sich zu und warum? ▪
>
> Wann passierte es? ▪ Was geschah? ▪
>
> Wer war beteiligt? ▪ Wo ereignete es sich? ▪
>
> Welche Folgen ergaben sich daraus?

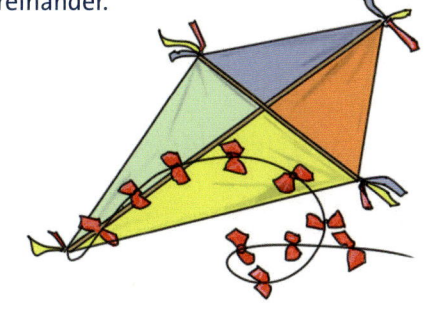

Was geschah? _____

_____

_____

_____

_____

_____

2 Beantworte die W-Fragen mit Hilfe der Abbildungen auf S. 22.
Nutze dazu die Schreiblinien neben den Fragen oder schreibe in dein Heft.
Gib Josefine und Jens Familiennamen. Schreibe auch, was zwischen den Abbildungen passiert ist.

C Einen Schreibplan erstellen

1 Ein Bericht ist in drei Teile gegliedert. Ordne die W-Fragen der Einleitung, dem Hauptteil und dem Schluss zu.

> Welche Folgen? (knapp) ▪ Was? ▪ Wer? ▪ Wann? ▪ Wie genau? ▪ Wo? ▪ Warum? ▪ Welche Folgen?

Einleitung	Hauptteil	Schlussteil
_____	_____	_____
_____	_____	_____
_____	_____	_____
_____	_____	_____

2 Damit man nachvollziehen kann, wie sich der Unfall genau abgespielt hat, muss der Ablauf des Ereignisses in der richtigen zeitlichen Abfolge dargestellt werden.

a Die Nomen im Wortspeicher passen zu den Abbildungen auf S. 22.
Schreibe sie in der richtigen Reihenfolge auf.

b Schreibe hinter die Nomen die <u>passenden Verben aus dem Wortspeicher.</u>

> Drachen ▪ Knöchel ▪ Baum ▪ Krankenhaus ▪ Notruf ▪ Bänderdehnung ▪ Ast ▪
>
> klettern ▪ steigen lassen ▪ verletzen ▪ brechen ▪ bringen ▪ wählen ▪ verarzten

1. *Drachen – steigen lassen*   4. _____

2. _____   5. _____

3. _____   6. _____

     7. _____

D Schreibtraining: Genau informieren

1 Formuliere mit Hilfe der folgenden Wörter und Wortgruppen eine Einleitung in ein bis zwei Sätzen.
Schreibe in dein Heft.

> 8. September ▪ 16 Uhr ▪ Unfall ▪ Baum ▪ Wiese in Pallig ▪
>
> an der Steinstraße ▪ Jens Staiger ▪ Knöchel

Du kannst so beginnen:

Am 8. September 2017 gegen 16 Uhr _____

2 Im folgenden Ausschnitt eines Hauptteils gibt es nur kurze Hauptsätze. Formuliere die Sätze mit Hilfe von passenden Konjunktionen und Satzgefügen so um, dass die Zusammenhänge deutlicher werden.

A Die Jugendlichen ließen einen Drachen steigen. Der Drache blieb kurz darauf in einem Baum hängen.

Als die Jugendlichen einen Drachen steigen ließen, blieb dieser kurz darauf in einem Baum hängen.

B Der Drachen hing etwa fünf Meter hoch in den Ästen. Jens konnte ihn befreien.

C Jens trat auf einen Ast. Der Ast brach ab. Jens stürzte ab.

D Jens verletzte sich am Knöchel. Josefine rief die Notrettung an.

3 Schreibe auf der Grundlage deiner Vorarbeiten nun den Hauptteil und Schluss deines Unfallberichts in dein Heft.

E Den Unfallbericht überarbeiten

> Mit der **Weglassprobe** kannst du prüfen, ob Satzgliedteile oder Satzglieder gestrichen werden sollten, weil sie überflüssig oder unsachlich sind.

1 Korrigiere den folgenden Teil eines Berichts.
Denke daran, dass ein Bericht knapp und sachlich formuliert wird.

An einem wunderschönen Herbsttag ließen die beiden Jugendlichen Josefine Eidinger und Jens Staiger auf der menschenleeren Wiese an der Steinstraße in Pallig einen Drachen steigen. Eine Weile lang schwebte der Drachen in der Luft, bis eine Windböe ihn in einen großen, dicht gewachsenen Baum fegte, wo er in den Ästen hängenblieb. Jens wollte ihn unbedingt herunterholen, weil er sich den Drachen zuvor von seiner kleinen Schwester geliehen hatte. Er kletterte mühsam die fünf Meter hoch in den Baum. Es gelang ihm, den Drachen zu bergen. Doch beim Herunterklettern trat er auf einen dünnen Ast, der plötzlich unter ihm abbrach. Jens stürzte schreiend vom Baum …

2 Überarbeite deinen Text. Eine Musterlösung findest du im Lösungsheft auf S. 12.

Checkliste ✔

ja	nein	Kriterien
☐	☐	Beantwortet der Bericht alle **W-Fragen?**
☐	☐	Wird das Geschehen in der **zeitlich richtigen Reihenfolge** dargestellt?
☐	☐	Ist der Bericht nur auf **das Wesentliche** beschränkt?
☐	☐	Ist der Bericht **sachlich formuliert** und werden eigene Wertungen vermieden?
☐	☐	Ist der Bericht im **Präteritum** verfasst?
☐	☐	Werden Zusammenhänge durch **passende Konjunktionen** deutlich?

3 Schreibe deinen verbesserten Bericht noch einmal sauber in dein Heft.

Gemeinsam starten: im Schullandheim! – Berichten und die eigene Meinung begründen

Stell dir vor, du erhältst in der nächsten Schulaufgabe folgende Aufgabenstellung:

Alle neuen Klassen fahren gegen Ende des ersten Schuljahres drei Tage in ein Schullandheim. Probeweise fährt deine Klasse 5 schon in der zweiten Woche nach Schuljahresbeginn dorthin.

a Nach der Reise sollst du in einem Beitrag für die Schülerzeitung sachlich über den Aufenthalt berichten.

b Du findest, dass die Fahrt in Klasse 5 in Zukunft immer zu Beginn des Schuljahres erfolgen sollte. Formuliere dein Anliegen am Schluss des Beitrages und nenne Gründe dafür.

Uhrzeit	Programm: Montag, 19.9.
16:00	🚌 Gymnasium Nanstadt
17:00	Ankunft: Riesbachhof, Allgäu
17:15	Organisatorisches (Zimmerverteilung, Tischdienste)
18:00	Abendessen
19:00	**Klasse! Gemeinschaft (1):** Kennenlernspiele
20:30	Abendgeschichte
21:30	Nachtruhe

Uhrzeit	Programm: Dienstag, 20.9.
08:00	Frühstück
09:00	**Klasse! Gemeinschaft (2):** Streiten – aber richtig!
10:00	
11:00	Freizeit
12:00	Mittagessen
13:00	Ausflug zur Sommerrodelbahn
17:00	**Klasse! Gemeinschaft (3):** Vertrauensspiele
18:00	Freizeit
19:00	Lagerfeuer mit Stockbrot 🔥
20:30	Nachtwanderung
21:30	Nachtruhe

Frau Seiler und Herr Öfele sind coole Klassenlehrer!

Stimmt. Nur Feuer machen können sie nicht.

Sommerrodeln Riesbach
Wichtige Regel: Nicht drängeln!!

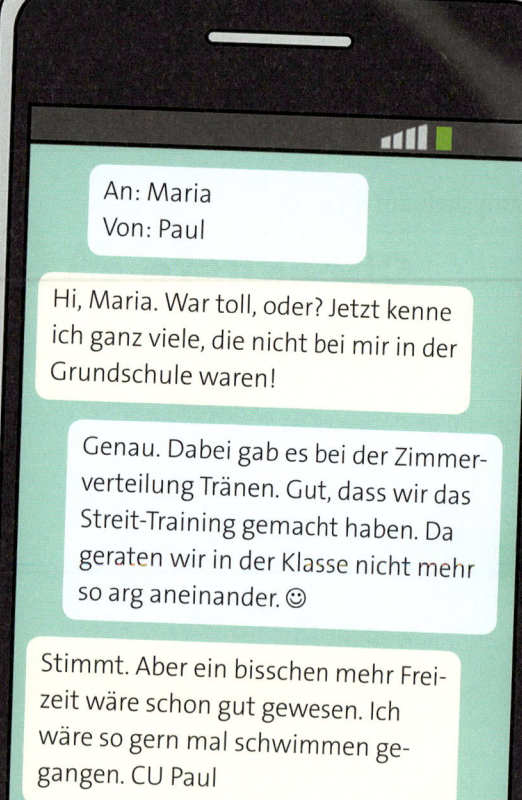

An: Maria
Von: Paul

Hi, Maria. War toll, oder? Jetzt kenne ich ganz viele, die nicht bei mir in der Grundschule waren!

Genau. Dabei gab es bei der Zimmerverteilung Tränen. Gut, dass wir das Streit-Training gemacht haben. Da geraten wir in der Klasse nicht mehr so arg aneinander. ☺

Stimmt. Aber ein bisschen mehr Freizeit wäre schon gut gewesen. Ich wäre so gern mal schwimmen gegangen. CU Paul

Uhrzeit	Programm: Mittwoch, 21.9.
08:00	Frühstück
09:00	Räumen der Zimmer
10:00	**Klasse! Gemeinschaft (4):** – Wahl der Klassensprecher/ der Klassensprecherinnen – Abschlussbesprechung
12:00	Mittagessen
13:00	Abfahrt 🚌
14:00	Rückkehr Gymnasium Nanstadt

A Die Aufgabenstellung richtig verstehen

1 a Markiere in der Aufgabenstellung auf S. 26 oben, was wichtig ist.
b Formuliere mit eigenen Worten, was von dir verlangt wird.

In meinem Beitrag für die Schülerzeitung soll ich zuerst _____

_____ *Am Schluss soll ich begründen* _____

2 a Lies den Text.
b Streiche durch, was nicht zu einem Bericht für die Schülerzeitung passt.

Ich schreibe für die Schüler und alle Erwachsenen, die mit der Schule zu tun haben. Damit sie sich für mein Anliegen interessieren, muss ich das Interesse aller Lesenden wecken / langweilig schreiben. Das gelingt mir, indem ich möglichst ausführlich erzähle / mit Adjektiven und Adverbien genau berichte. Mein Zeitungsartikel kann auch / darf keinesfalls erzählende Passagen, Augenzeugenberichte oder Aussagen Dritter (Zitate) enthalten. Damit die Leser/-innen mein Anliegen unterstützen, muss ich irgendwelche / überzeugende Gründe dafür nennen.

B Informationen und Gründe sammeln

1 Ein Bericht beantwortet die W-Fragen.
Notiere zu jeder Frage Informationen.
Du findest sie auf S. 26.

> In einem Artikel für eine Zeitung berichtet man **knapp**, aber **vollständig** und **in der richtigen Reihenfolge** über ein vergangenes Ereignis.

A Was? *Aufenthalt im Schullandheim* _____

B Wer? _____

C Wann? _____

D Wo? _____

E Wie (Ablauf)? _____

_____

_____

_____

F Mit welchen Folgen (Gründe für das Anliegen)? _____

_____

C Einen Schreibplan erstellen

1 Ein Bericht ist in drei Teile gegliedert. Ordne den Teilen die Informationen zu:
Trage zu jedem Teil die Buchstaben der Fragen bei Aufgabe B1 (S. 27) ein.

Einleitung: _____

Hauptteil: _____

Schlussteil: _____

> Informiere in der **Einleitung** kurz über den Sachverhalt: Was? Wann? Wo? Wer?

D Schreibtraining (1): Interessant berichten

1 Verfasse eine Einleitung.
Wecke das Interesse deiner Leser, indem du das Besondere hervorhebst: Erkläre, dass eure Klassenfahrt ein Experiment war. Verwende den Satzanfang und schreibe die Einleitung in dein Heft.

Zum allerersten Mal fuhr in diesem Schuljahr eine fünfte Klasse …

2 Im Hauptteil stellt man den Ablauf des Ereignisses in der richtigen zeitlichen Reihenfolge dar.
a Ergänze Lauras ersten Abschnitt des Hauptteils, indem du die passende Satzanfänge auswählst und einträgst.

> Die zeitlich richtige Reihenfolge kannst du durch **passende Satzanfänge** darstellen, z. B. *zuerst, am Anfang, anschließend, danach, am nächsten Tag, später, am Schluss.* Schreibe im **Präteritum.** Verwende das Plusquamperfekt, wenn etwas vorher passiert ist.

> Gleich danach • Am Montagnachmittag •
>
> Im Anschluss daran • Nachdem • Als Erstes

___Am Montagnachmittag___ trafen wir gegen 17:00 Uhr im Schullandheim Riesbachhof ein.

_____ wurden die Zimmer verteilt. Es gab dabei einige Tränen, weil Kinder getrennt wurden,

die sich schon aus der Grundschule kannten. _____ bekamen wir ein leckeres Abendessen,

das die Laune wieder verbesserte. _____ spielten Frau Seiler und Herr Öfele, unsere neuen

Klassenlehrer, einige Gruppenspiele mit uns. Das lockerte die Stimmung sehr auf und es bildeten sich auch

erste neue Freundschaften. _____ alle bequeme Kleidung angezogen hatten, fanden wir

uns zusammen, um eine Abendgeschichte vorgelesen zu bekommen.

b Ein Nebensatz steht im Plusquamperfekt. Unterstreiche ihn und begründe das Tempus.

_____

3 Arbeite auf der Grundlage der Informationen, die du für Aufgabe B 1 (S. 27) bei Frage E „Wie? (Ablauf)" zusammengetragen hast, den Hauptteil des Berichtes aus. Schreibe in dein Heft.

D Schreibtraining (2): Ein Anliegen begründen

Wenn du dich für ein Anliegen einsetzt, musst du **erklären,** was dein Anliegen ist,
und überzeugende **Gründe nennen,** warum es umgesetzt werden sollte.

1 **a** Laura hat einen Schluss für ihren Bericht geschrieben, in dem sie ihr Anliegen begründet. Lies ihn.

*Es war sehr schön in Riesbach. Jeder sollte gleich nach den Sommerferien dorthin fahren dürfen. Man findet
in der neuen Klasse leichter Freunde.*

b Der Schluss ist nicht gelungen. Lies die folgenden Tipps zur Überarbeitung, die Maria aufgeschrieben hat.
c Wende die Tipps an und schreibe den Schluss verbessert in dein Heft.

> Liebe Laura,
> man versteht nicht, was genau du vorschlagen möchtest und warum du den Vorschlag machst.
> Denke beim Schreiben immer auch an die Leser: Was könnte sie überzeugen?
> Es wird nur zustimmen, wer deine Gründe gut nachvollziehen kann und überzeugend findet.
> Überarbeite so:
>
> A Erkläre dein Anliegen genau. Du kannst z. B. folgende Formulierungen verwenden:
>   *Ich bin der Meinung, dass ... – Unsere Klasse 5 empfiehlt, dass ... –*
>   *Der Aufenthalt im Schullandheim hat uns davon überzeugt, dass ... – Wir glauben, dass ...*
> B Bringe Anliegen und Begründung auch sprachlich in einen Zusammenhang.
>   Leite Begründungen z. B. mit diesen Konjunktionen ein: *weil, da, denn, deshalb.*
> C Formuliere einen Grund, der auf alle Leser deines Beitrags gleichermaßen überzeugend wirkt:
>   Der Schulleitung sind z. B. neue Freunde weniger wichtig.
>   Eine gute Klassengemeinschaft jedoch ist für alle Klassen und damit für die ganze Schule wichtig.

2 Formuliere selbst einen Schluss, in welchem du dein Anliegen mit einer anderen Begründung als Laura vorträgst.
Schreibe in dein Heft. Finde eine treffende Überschrift für deinen Beitrag.

E Den Bericht überarbeiten

1 Überarbeite deinen Bericht mit Hilfe der Checkliste.

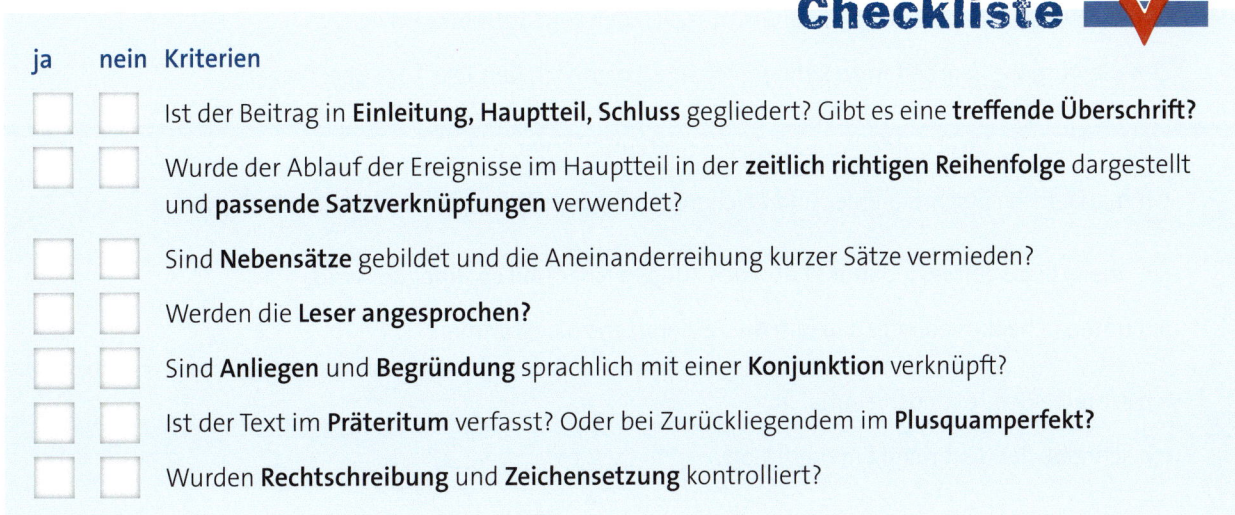

Checkliste ✔

ja	nein	Kriterien
☐	☐	Ist der Beitrag in **Einleitung, Hauptteil, Schluss** gegliedert? Gibt es eine **treffende Überschrift?**
☐	☐	Wurde der Ablauf der Ereignisse im Hauptteil in der **zeitlich richtigen Reihenfolge** dargestellt und **passende Satzverknüpfungen** verwendet?
☐	☐	Sind **Nebensätze** gebildet und die Aneinanderreihung kurzer Sätze vermieden?
☐	☐	Werden die **Leser angesprochen?**
☐	☐	Sind **Anliegen** und **Begründung** sprachlich mit einer **Konjunktion** verknüpft?
☐	☐	Ist der Text im **Präteritum** verfasst? Oder bei Zurückliegendem im **Plusquamperfekt?**
☐	☐	Wurden **Rechtschreibung** und **Zeichensetzung** kontrolliert?

„Till Eulenspiegel und das Kaninchen" – Rechtschreibung und Zeichensetzung überarbeiten

Stell dir vor, du erhältst einen Test mit folgender Aufgabenstellung:

> Überarbeite den Text, indem du alle Rechtschreibfehler und Zeichensetzungsfehler markierst und diese bestimmst.
> Schreibe anschließend den Text richtig in dein Heft.

Till Eulenspiegel und das Kaninchen

Tills Meister hatte mehrere Haustiere, von denen ihm ein schönes Kaninchen am liebsten war. Eines Tages muste der Meister verreisen! „Ich muss für ein paar Tage fort," sagte er zu Eulenspiegel. Denk in der
5 Zeit an das Kaninchen! Ich hänge sehr an ihm, wie du weist."
Eulenspiegel wunderte sich zwar weil er den Meister nie an dem Tier hate hängen sehen. Aber er versprach, an das Kaninchen zu denken, solange der
10 meister verreist war.
Als dieser sieben Tage später zurückkam eilte er sogleich zu dem grosen Stal, in dem das Kaninchen lebte. Aber wie erschrak er, als er das Tier reglos auf dem Boden liegen sah! Es atmete kaum noch? Und
15 in dem Stall war überhaupt kein Futter. Nicht einmal der Rest von einer Morrübe und nicht einmal ein Zipfelchen von einem Kolblatt. Ofenbar hatte das Kaninchen schon lange nichts mer zu fressen bekommen. Der Meister raufte sich die Hare.

Wutschnaubend rannte er zu Eulenspiegel. Der 20
sollte seine faulheit büßen. Eulenspiegel lag untätig auf seinem Bett und starrte an die Decke. „Was bist du doch für ein nichtsnutziger Geselle"!, schrie ihn der Meister an. „Habe ich dir nicht ausdrücklich befohlen, an mein Kaninchen zu denken? Und was 25
hast du gemacht? Du hast es beinahe verhungern lassen! Hast du ihm auch nur ein einziges Mal Futer gegeben."
Eulenspiegel sah seinen Meister überrascht und verständnislos an. „Davon war nie die Rede, dass ich 30
ihm Futter gebe," sagte er harmlos. „Ich sollte nur an es denken. Und das habe ich die ganze Zeit getan. Seht nur, ich habe es mir sogar aufgeschrieben damit ich es nicht vergese." Und er zeigte zur decke hoch. Dort entdeckte der verdutzte Meister einen Zettel, 35
auf dem mit roten buchstaben geschrieben stand: „An das Kaninchen denken!"

A Die Aufgabenstellung richtig verstehen

1 **a** Markiere in der Aufgabenstellung oben, was wichtig ist.
  b Kreuze bei jeder der folgenden Aufgabenbeschreibungen die zutreffende an.

A ☐ Um die Aufgabe bearbeiten zu können, muss ich den Text aufmerksam lesen.

☐ Um die Aufgabe bearbeiten zu können, reicht es, wenn ich den Text kurz überfliege.

B ☐ Ich markiere Rechtschreibfehler und Zeichensetzungsfehler.

☐ Ich markiere Rechtschreibfehler und Zeichensetzungsfehler und überarbeite die Erzählweise.

C ☐ Ich überarbeite den Text, damit er abwechslungsreicher und spannender wird.

☐ Ich untersuche die Fehler genau, um die Fehlerarten zu bestimmen.

D ☐ Ich schreibe den Text noch einmal ab.

☐ Ich schreibe den Text richtig in mein Heft.

B Wissen aktivieren

1 Lies die Checkliste am Ende dieses Kapitels.
Rufe dir dadurch die erlernten Rechtschreibregeln und Zeichensetzungsregeln in Erinnerung.

C Einen Arbeitsplan machen

1 Überlege, in welcher Reihenfolge du bei deiner Textüberarbeitung vorgehen wirst.
Nummeriere dann die Kästchen.

☐ Fehlerarten bestimmen   ☐ Fehler erkennen

☐ Fehler verbessern   ☐ Fehler markieren

☐ den Text richtig abschreiben

☐ genau lesen

D Schreibtraining: Regeln anwenden

1 Lies die Eulenspiegel-Geschichte aufmerksam.
Viele Fehler werden erst deutlich, wenn du den Inhalt
richtig verstanden hast.

2 Lies den Text ein zweites Mal.
Markiere alle Rechtschreibfehler. Nutze dazu die Tipps im Kasten.

> ■ Sprich das Wort, bei dem du einen Fehler vermutest, langsam und deutlich aus:
>   – Wird der **Vokal lang oder kurz** gesprochen?
>   – Ist das **s** stimmhaft oder stimmlos?
> ■ **Bestimme die Wortart,** wenn du bei der Großschreibung unsicher bist:
>   – Ist das betreffende Wort ein Nomen?
>   – Geht dem Wort das Begleitwort eines Nomens voraus (z. B. ein Artikel)?
>   – Gibt es ein anderes Signal für eine Nominalisierung (z. B. -heit)?

3 Lies den Text ein drittes Mal.
Markiere alle Zeichensetzungsfehler mit einer anderen Farbe. Nutze dazu die Tipps im Kasten.

> – Kannst du an der Stimmführung die verschiedenen Satzarten erkennen?
> – Wird eine **Frage** gestellt oder handelt es sich um einen **Ausruf/Befehl?**
> – Wo beginnt und endet **die wörtliche Rede?**
> – Trennt ein **Komma** den Hauptsatz und den Nebensatz?

4 **a** Untersuche die erkannten Fehler genau.
   Überlege, gegen welche Regel jeweils verstoßen wurde.
   b Trage die Wörter in der korrekten Rechtschreibung in die richtigen Spalten der oberen Tabelle auf S. 32 ein.
   c Trage die Sätze mit der korrekten Zeichensetzung in die richtigen Spalten der unteren Tabelle ein.

Großschreibung	Schärfung	Dehnung	Wörter mit s-Laut (s, ss, ß)
der Meister (Z. 10)			musste (Z. 3)

Zeichensetzung bei wörtlicher Rede	Satzschlusszeichen	Kommasetzung
… Tage fort", sagte er … (Z. 4)		

E Die Checkliste anwenden

1 a Sieh dir noch einmal die Tabellen oben an.

b Trage unten ein, wie oft dir jede Rechtschreibregel und Zeichensetzungsregel geholfen hat.

Checkliste ✔

Wie ich Rechtschreibfehler finde und verbessere

☐ Begleitwörter für **Nomen** sind: **Artikel, Pronomen, Präpositionen und Adjektive.**

☐ Hört man nach einem **betonten, kurzen Vokal** nur einen **Konsonanten,** wird dieser verdoppelt.

☐ Das **h** nach einem **langen Vokal** steht besonders häufig vor den Konsonanten **l, m, n, r.**

☐ In wenigen Wörtern wird der **lang gesprochene Vokal** durch die Verdopplung gekennzeichnet.

☐ Der **stimmlose s-Laut** wird nach einem **kurzen, betonten Vokal** mit **ss** geschrieben.

☐ Der **stimmlose s-Laut** wird nach einem **langen Vokal** oder **Diphthong** mit **ß** geschrieben.

Wie ich Zeichensetzungsfehler finde und verbessere

☐ Nach einem **Aussagesatz** steht ein **Punkt.** Nach einem **Fragesatz** steht ein **Fragezeichen.** Nach einem **Ausrufe- und Aufforderungssatz** steht meist ein **Ausrufezeichen.**

☐ Zwischen **Hauptsatz** und **Nebensatz** muss immer ein **Komma** stehen.

☐ Die **wörtliche Rede** wird in **Anführungszeichen** eingeschlossen. Die Satzzeichen ändern sich, je nachdem, ob der Redebegleitsatz vor, nach oder zwischen der wörtlichen Rede steht.

2 Schreibe mit Hilfe der Tabellen oben den Text richtig in dein Heft.

Jahrgangsstufentest Deutsch

„Rennschwein Rudi Rüssel" – Einen literarischen Text untersuchen

1 a Zu Beginn der 6. Klasse wirst du einen Deutschtest schreiben. Lies dazu den folgenden Text.

Beim Deutschtest wird geprüft, wie sicher du im Fach Deutsch bist. Hier kannst du zeigen, ob du
- Texte, Diagramme oder Tabellen verstehst,
- dich richtig und angemessen ausdrückst,
- Grammatikregeln richtig anwendest,
- die Regeln der Rechtschreibung und Zeichensetzung beherrschst.

Für die Bearbeitung aller Aufgaben hast du 45 Minuten Zeit. Hinzu kommt eine Einlesezeit von 5 Minuten.

b Kreuze an, was beim Deutschtest <u>nicht</u> geprüft wird.

☐ Textverständnis ☐ Ausdrucksvermögen ☐ mündliches Erzählen

2 In der folgenden Tabelle stehen Angaben, wie du im Deutschtest vorgehen kannst.

a Entscheide jeweils, ob das vorgeschlagene Vorgehen sinnvoll ist. Kreuze an.

b Schreibe bei den mit NEIN angekreuzten Aussagen auf, wie du stattdessen vorgehst.

Vorschlag zur Vorgehensweise	Sinnvoll		Stattdessen:
	Ja	Nein	
Als Erstes lese ich den Text als Ganzes aufmerksam durch.	☐	☐	
Ich überfliege alle Aufgaben. So weiß ich, was mich erwartet.	☐	☐	
Ich bearbeite die Aufgaben der Reihe nach.	☐	☐	
Ich löse erst jede Aufgabe vollständig, bevor ich zur nächsten übergehe.	☐	☐	
Zuletzt gehe ich nochmals alle Aufgaben durch und überprüfe, ob ich alles bearbeitet habe.	☐	☐	

- Wenn du eine Aufgabe oder einen Teil der Aufgaben nicht sogleich lösen kannst, lass dich davon nicht aus der Ruhe bringen, sondern gehe zur nächsten Aufgabe über. Zeichne mit Bleistift am Rand neben den unbearbeiteten Aufgaben ein Kreuz. So findest du sie rasch wieder. Radiere das Kreuz weg, sobald du die Aufgabe bearbeitet hast.
- Bei Aufgaben, die durch Ankreuzen einer Lösung bearbeitet werden müssen, kann es hilfreich sein, wenn du zunächst klärst, welche Antwort auf **keinen Fall** richtig sein kann. So schränkst du die Möglichkeiten ein.

Die beiden Tests auf den Seiten 34–48 zeigen dir, welche konkreten Aufgaben dich beim Deutschtest erwarten und wie du sie bearbeiten kannst. Die Seiten 16–20 im Lösungsheft helfen dir bei der Auswertung der Tests. Außerdem wirst du merken, ob du wichtigen Unterrichtsstoff der 5. Jahrgangsstufe beherrschst.

Uwe Timm

Rennschwein Rudi Rüssel

Zuppi und ihre Familie kaufen bei einem Wochenendausflug auf einem Dorffest einige Lose. Zuppi, die kleine Schwester des Erzählers, gewinnt den Hauptpreis, ein Ferkel.

„Du hast Schwein. Du hast nämlich ein kleines Schwein gewonnen." Und dann hob der Mann ein Ferkel aus einer Kiste und drückte es Zuppi in die Arme. Die Leute klatschten und lachten. Zuppi schleppte breit grin-
5 send das Ferkel zu unserem Tisch und setzte es Mutter auf den Schoß. Es war ein sauberes rosiges Tier, mit einer dicken Schnauze, kleinen flinken Äuglein und großen Schlappohren.

Es sah wirklich niedlich aus, trotzdem machte Vater ein finsteres Gesicht. Als ein Bauer, der an unserem Tisch saß, uns zu dem Ferkel gratulierte, lächelte Vater gequält. Man muss wissen, Vater mag keine Haustiere. Tiere gehören nicht ins Haus, sagt er immer. Und jetzt hatte Mutter dieses Ferkel auf dem Schoß und kraulte ihm
10 das eine Schlappohr.

„Niedlich, nicht", sagte Zuppi begeistert, „guck mal dieser kleine Rin-
gelschwanz." Vater nahm die Pfeife aus dem Mund. „Ganz nett", sagte er, „aber wenn wir gehen, dann gibst du das Tier zurück!"

„Nein", rief Zuppi, „ich hab das gewonnen. Das gehört mir."
15 „Wir können das Tier doch nicht mitnehmen."

Da begann Zuppi zu weinen, und wenn sie weint, dann tut sie das ziemlich laut. Von den anderen Tischen sahen sie herüber. Warum weinte das kleine Mädchen, das doch eben ein Glücksschwein gewonnen hatte?
20 Vater, der schon die Hand ausgestreckt hatte, um das Ferkel auf den Boden zu setzen, zog die Hand wieder zurück. Die Leute am Nachbar-
tisch sahen ihn finster an. Es hatte aber auch so ausgesehen, als habe er dem Ferkel einen Klaps geben wollen.

„Gut, gut", sagte Vater, „dann behalt das Vieh erstmal."

25 Vater zahlte, und wir gingen zum Auto zurück. Wir mussten ziemlich lange laufen, obwohl wir den kürzesten Weg nahmen. Das Ferkel mussten wir tragen. Denn wenn wir es laufen ließen, wollte es uns einfach nicht folgen, sondern rannte mal hierhin und mal dahin. Es ist erstaunlich, wie schwer Ferkel sind, viel schwerer als gleich große Hunde.

Schließlich konnten wir nicht mehr, obwohl wir drei Kinder uns beim Tragen immer wieder abwechselten.
30 Mutter schleppte es eine lange Strecke. Sie trug das Ferkel wie eine Sofarolle unter dem Arm. Als sie nicht mehr konnte, wollte sie es Vater zum Tragen geben. Aber der sagte: „Wenn ihr das Tier mitnehmen wollt, dann müsst ihr es auch allein tragen." Wir fanden das ziemlich gemein, sagten aber vorsichtshalber nichts.

Als wir endlich zum Auto kamen, waren wir fix und fertig. Mutter nahm das Ferkel auf den Schoß, damit es nicht die Polster schmutzig machte. Dabei war es ganz sauber.

35 „Schweine sind immer dreckig", sagte Vater, „sie lieben den Dreck. Was meint ihr wohl, woher das kommt, wenn man sagt, jemand isst wie ein Schwein, oder das Zimmer ist ein richtiger Schweinestall?" Es war natürlich klar, was er damit meinte, unser Kinderzimmer natürlich.

Wir waren noch nicht weit gefahren, da schrie Mutter auf. Das Ferkel hatte ihr auf das Kleid gepinkelt. „Jetzt reicht's", sagte Vater. Beim nächsten Bauernhof hielt er an.
40 „So", sagte er, „jetzt schenken wir das Ferkel einem Bauern. Schweine gehören aufs Land und nicht in eine Stadtwohnung."

Zuppi begann zu schreien. Sie kann so laut schreien, dass man sich die Ohren zuhalten muss.

„Ruhe", brüllte Vater. „Schweine werden traurig, wenn sie nur Häuser und keine Felder und Wiesen sehen."
Zuppi schrie weiter.
45 „Lass ihr wenigstens ein paar Tage das Ferkel", sagte Mutter, „sie hat es nun mal gewonnen. Wir können es ja immer noch weggeben."

„Als gut, drei Tage darfst du es behalten, dann muss es weg. Was sollen die Leute im Haus denken."

Kompetenzbereich I: Textzusammenfassung und Textverständnis

Viele Aufgaben sind **Aufgaben zum Ankreuzen.** Das bedeutet, dass du aus mehreren angebotenen Antwortmöglichkeiten die zutreffenden angeben sollst. Manchmal – wie in Aufgabe 3, 4 und 5 – gibt es mehrere richtige Aussagen, die anzukreuzen sind.

1 Jeweils einer der folgenden Vorschläge erfasst den <u>Kerngedanken</u> eines Abschnittes am genauesten. Setze pro Teilaufgabe jeweils ein Kreuz. **4 Punkte**

Abschnitt 1 (Z.1–15):

- [ ] Gespräch über Schweine
- [ ] Diskussion über Gewinn
- [ ] Allgemeine Freude über Gewinn
- [ ] Familie beim Dorffest

Abschnitt 2 (Z.16–24):

- [ ] Zuppi weint.
- [ ] Zuppi hält das Ferkel fest.
- [ ] Zuppi setzt sich durch.
- [ ] Zuppi hört mit Weinen auf.

Abschnitt 3 (Z. 25–34):

- [ ] Mutter nimmt Ferkel auf den Schoß.
- [ ] Ferkel zu tragen ist für alle anstrengend.
- [ ] Ferkel will nicht laufen.
- [ ] Vater will nicht tragen.

Abschnitt 4 (Z. 35–47):

- [ ] Vater beschwert sich über Unordnung.
- [ ] Vater denkt an Hausbewohner.
- [ ] Vater gibt vorerst nach.
- [ ] Vater setzt Ferkel am Bauernhof ab. [ ] Punkte

2 Eine der folgenden Überschriften erfasst den <u>Kerngedanken</u> des vollständigen Textes. Kreuze sie an. **1 Punkt**

A [ ] Der Streit meiner Eltern

B [ ] Ein Ferkel als Haustier?

C [ ] Groß gegen Klein [ ] Punkt

3 Wie könnte der Satz unten fortgesetzt werden? Kreuze <u>zwei richtige Aussagen</u> an. **2 Punkte**

Der Streit in der Familie um das Ferkel entbrennt,

A [ ] weil für den Vater Schweine keine Haustiere sind.

B [ ] weil die Mutter sich aufs Zuppis Seite schlägt.

C [ ] weil Zuppi das Ferkel unbedingt behalten will.

D [ ] weil Schweine dreckig sind.

E [ ] weil die Nachbarn ein Schwein im Haus nicht akzeptieren. [ ] Punkte

4 Kreuze die jeweils zutreffenden Abschnitte an. 4 Punkte

A **In zwei Abschnitten** vermittelt der Erzähler den Eindruck, dass seine kleine Schwester Zuppi das Weinen und Schreien als Mittel einsetzt, um ihre Wünsche durchzusetzen.

- [ ] Abschnitt 2
- [ ] Abschnitt 3
- [ ] Abschnitt 4

B **In zwei Abschnitten** des Textes wird beschrieben, dass Schweine keineswegs dreckig sind.

- [ ] Abschnitt 1
- [ ] Abschnitt 2
- [ ] Abschnitt 3

[ ] Punkte

5 Kreuze die Information an, die du zur jeweiligen Person im Text erhältst. Setze pro Teilaufgabe zwei Kreuze. 4 Punkte

A Vater
- [ ] raucht Pfeife.
- [ ] hat keinen Führerschein.
- [ ] mag keine Haustiere.
- [ ] setzt sich immer durch.
- [ ] hatte als Kind ein Haustier.

B Mutter
- [ ] trägt ein Kleid.
- [ ] trägt eine Armbanduhr.
- [ ] ist tierlieb.
- [ ] streitet gern.
- [ ] hatte als Kind ein Haustier.

[ ] Punkte

6 Kreuze an, welche Aussagen pro Abschnitt zutreffen. 4 Punkte

A Abschnitt 1 (Z. 1–15):
- [ ] beantwortet alle W-Fragen.
- [ ] führt zum Konflikt hin.

B Abschnitt 2 (Z. 16–24):
- [ ] bringt den Konflikt vorläufig zu einem Ende.
- [ ] enthält eine erste Zuspitzung des Konfliktes.

C Abschnitt 3 (Z. 25–34):
- [ ] bringt eine Wende im Konflikt.
- [ ] lässt erkennen, dass der Konflikt noch nicht beendet ist.

D Abschnitt 4 (Z. 35–47):
- [ ] beendet endgültig den Konflikt.
- [ ] liefert eine überraschende Wendung.

[ ] Punkte

Kompetenzbereich II: Ausdrucksvermögen

7 Setze in die Lücken das zum jeweiligen Wort passende <u>Präfix</u> (Vorsilbe)
aus dem Wortspeicher ein, sodass sich sinnvolle Sätze ergeben.   **5 Punkte**

> miss ▪ be ▪ em ▪ ge ▪ ver ▪ zer ▪ ent

> ■ Achte bei diesen Aufgaben darauf, in welcher Form die Lösung gefordert ist.
> ■ Manchmal reicht es aus, wenn du eine Silbe oder ein Wort ergänzt. In anderen Fällen musst du die Antwort in einem Satz formulieren.
> ■ Oftmals enthalten diese Aufgabentypen Beispiele. Sie zeigen dir, wie du die Aufgabe bearbeiten sollst.

A Den Leuten auf dem Dorffest _____fiel, dass der Vater Zuppi

das Ferkel wegnehmen wollte.

B Das Ferkel durfte nicht in der Wohnung gehalten werden,

weil der Vermieter das _____boten hatte.

C Der Vater _____zweifelte, dass Zuppi das Ferkel ohne Weiteres

hergeben würde.

D Den Kindern _____fielen vor allem die lustigen Spaziergänge mit dem Ferkel.

E Das Ferkel in der Badewanne zu waschen war nicht einfach, weil Rudi der Wanne

unbedingt _____kommen wollte.   ☐ Punkte

8 Forme die in den folgenden Sätzen unterstrichenen Wörter mit Hilfe <u>geeigneter Suffixe</u> (Nachsilben)
so um, dass sich passende Wörter aus derselben Wortfamilie ergeben.   **5 Punkte**

Beispiel: Der Vater scheint beim Thema Haustiere keinen <u>Humor</u> zu verstehen.

    Er ist diesbezüglich ___*humorlos*___ .

A Im Familienrat wurde über das Schwein <u>abgestimmt</u>.

Bei der _____ sprachen sich die Kinder für Rudi aus.

B Damit Rudi die Wohnung nicht verwüstete, wurde er aus <u>Vorsicht</u> ins Badezimmer gebracht.

Die Familie war durch Rudis Verhalten _____ geworden.

C Rudi war ein sehr <u>wachsames</u> Schwein und bemerkte in der Nacht einen Einbrecher.

Es war seiner _____ zu verdanken, dass der Einbrecher das Weite suchte.

D Auch ein Hausbrand blieb wegen Rudis gutem Geruchssinn <u>ohne Folgen</u>. Der Brand blieb _____ .

E Dennoch hegte der Hausverwalter großes <u>Misstrauen</u> gegenüber dem Schwein.

Er war Rudi gegenüber sehr _____ .   ☐ Punkte

Kompetenzbereich III: Formale Sprachbetrachtung

■ Manche Aufgaben enthalten einen kurzen Text.
  Lies diesen stets als Ganzes durch, bevor du die Aufgabe bearbeitest.
■ Häufig wird bei diesen Aufgabentypen eine Fehlerzahl vorgegeben. Markiere diese in der Aufgabenstellung und überprüfe zum Schluss, dass du nicht weniger, aber auch nicht mehr Wörter verbessert hast.

9 Der folgende Text enthält <u>acht Grammatikfehler.</u>
   Unterstreiche sie im Text und verbessere sie auf den Linien.
   Der Sinn des Textes darf dabei nicht verändert werden.   8 Punkte

Achte z. B. darauf auf, ob
– Subjekt und Prädikat im Numerus übereinstimmen,
– die Kasusendungen passen,
– die korrekten Pronomen verwendet wurden.

Bereits in der Jungsteinzeit <u>beginnten</u> die Menschen,

das Schwein als Nutztier halten. Dabei wurde sie

über viele Jahrhunderte frei laufend auf Wiesen oder in

Wäldern gehalten. Sein Futter suchte es sich dort selbst.

Genau wie der Mensch sind Schweine Allesfresser.

Seine Nahrung besteht überwiegend aus Pflanzen

und nur zu einem kleinsten Teil aus Fleisch. Auch Feld-

früchte wie Mais und Kartoffeln wird vom Schwein

gefressen.

Im Laufe der Zeit entstand dann die Stallhaltung.

Seitdem haben auch Speisenreste zum Futter gehört.

1. begannen _____

_____

_____

_____

_____

_____

_____

☐ Punkte

10 Setze in die Lücken die jeweils angegebenen
   Verben im <u>Präteritum</u> ein.   8 Punkte

Bei der Bildung des Präteritums
von unregelmäßigen Verben
wechselt der Stammvokal, z. B.
rufen – rief.

A Lange Zeit _____ (halten)

   man Schweine in engen Ställen, sodass sie sich nur

   wenig bewegen konnten. Stress und Verletzungen unter den Schweinen _____

   (zunehmen). Es _____ (vorkommen), dass sie sich gegenseitig _____

   (beißen).

B Ebenso _____ (geben) es in den Schweineställen kein Spielzeug, obwohl man bereits

damals _____ (wissen), dass Schweine intelligent sind und gerne etwas erkunden

bzw. sich mit etwas beschäftigen.

C Eine artgerechte Haltung _____ (erscheinen) den Schweinebetrieben als zu teuer,

denn Schweinefleisch musste vor allem billig sein. Der Kauf von Bio-Fleisch _____ (sein)

damals noch nicht so verbreitet wie heute.

  Punkte

11 Setze die in Klammern angegebenen Wortgruppen in die Lücken ein.
Achte dabei auf <u>die korrekten Kasusformen</u> und <u>den Numerus.</u>

> Bestimme zunächst **das Satzglied.**
> Nutze hierfür die Frageprobe!

6 Punkte

A Schweine sind tagaktiv und neugierig. Sie haben _____

(ein innerer Trieb), ihre Umwelt zu erkunden.

B Ferkel begegnen _____ (andere Tiere) mit kindlichem

Spieltrieb wie Springen, Nachlaufen und Raufen.

C _____ (ein ausgezeichneter Geruchssinn) hilft

den Schweinen, im Boden versteckte Nahrung aufzustöbern.

D Während eines heißen Sommertages ist das Bedürfnis _____ (die Schweine)

ein Schlammbad zu nehmen besonders groß, denn sie können nicht schwitzen.

> Etliche **Präpositionen** ziehen den **Genitiv** nach sich. Während sie in der gesprochenen Sprache selten verwendet werden, kommen sie in Sachtexten häufiger vor wie z. B. **anhand, (an)statt, aufgrund, dank, kraft, trotz, während, wegen.** Präge dir diese Präpositionen ein.

E Wegen _____ (ihre Gefräßigkeit) wühlen Schweine ständig auf

der Suche nach Knollen, Würmern, Wurzeln oder sonstigem Essbarem mit dem Rüssel im Boden.

F Dank _____ (die moderne Technik) kann sich

ein Schwein am Fütterungsautomaten immer wieder eine kleine Portion Futter holen, so ist es über

viele Stunden beschäftigt.

  Punkte

Kompetenzbereich IV: Rechtschreibung und Zeichensetzung

- Gliedere die Wörter **in Sprechsilben** und sprich sie langsam und deutlich aus.
- Nutze die verschiedenen **Proben,** um die Rechtschreibung zu prüfen: Ableitungsprobe, Verlängerungsprobe.
- Achte für die Groß- und Kleinschreibung auf die **Nomensignale.**
- Achte auf die Wörter am **Satzanfang.**

12 Der folgende Text enthält <u>acht Rechtschreibfehler.</u>
Unterstreiche sie im Text und verbessere sie auf den Linien.
Ergänze außerdem die <u>vier fehlenden Kommas.</u>

12 Punkte

Wildschweine haben ein gutes Gehör und einen <u>vorzüklichen</u> Geruchssinn der ihnen hilft, im boden verstekte Nahrung aufzuspüren. Weil sie sehr gefräsig sind wülen sie ständig mit ihrem Rüssel im Boden denn sie sind immer auf der Suche nach etwas essbarem. Dabei haben sie eine besondere Vorlibe für Kastanien Äpfel und Kürbise.

1. vorzüglichen

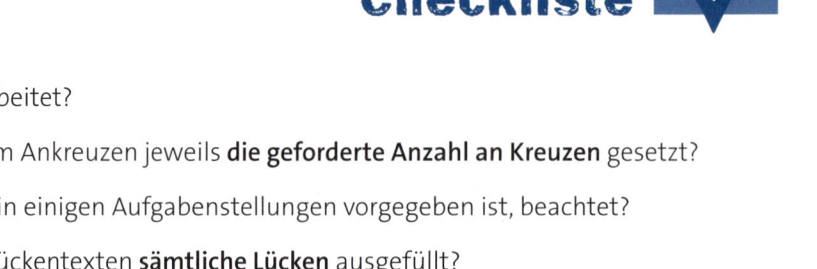

☐ Punkte

Die Checkliste anwenden

1 Nutze die Checkliste, um damit deinen Test zu überprüfen.

Checkliste ✔

ja	nein	Kriterien
☐	☐	Sind **alle Aufgaben** bearbeitet?
☐	☐	Ist bei den Aufgaben zum Ankreuzen jeweils **die geforderte Anzahl an Kreuzen** gesetzt?
☐	☐	Wird die **Fehlerzahl,** die in einigen Aufgabenstellungen vorgegeben ist, beachtet?
☐	☐	Sind bei Aufgaben mit Lückentexten **sämtliche Lücken** ausgefüllt?
☐	☐	Ist beim Verbessern die fehlerhafte Antwort **sauber durchgestrichen?**

2 Ergänze die Aufgaben, die du noch nicht vollständig bearbeitet hast.

„Überall Waschbären" –
Einen Sachtext untersuchen

Überall Waschbären

Der Waschbär mit seinem buschigen, geringelten Schwanz und seiner schwarzen Gesichtsmaske ist wohl der bekannteste Vertreter der Kleinbären. In seiner Heimat Nordamerika bewohnt er eine Vielzahl von Lebens-
5 räumen: von Wäldern bis zu Prärien und Halbwüsten. Auch in menschliche Siedlungen wagt er sich bei seiner Nahrungssuche vor. Nicht überall ist er dabei gern gesehen: Auf Obstplantagen und in Maisfeldern kann der vielseitige Allesfresser große Schäden anrichten.

10 Der Waschbär klettert gern auf Bäume und ist ein guter Schwimmer. In Wassernähe fühlt er sich am wohlsten. Dort, am Ufer von Bächen, Flüssen und Teichen sowie an flachen Meeresküsten, geht er bevorzugt auf Nahrungssuche. Das nachtaktive Tier findet seine Beute mit Hilfe seines hervorragenden Tastsinns: Mit tastenden Bewegungen und ohne dabei hinzusehen, durchforscht der Waschbär das flache Wasser und den Grund. Mit seinen empfindlichen, geschickten Pfoten „sieht" er seine Umwelt ähnlich gut wie wir mit unseren Augen.
15 Hat der Waschbär etwas Interessantes gefunden, holt er es aus dem Wasser und beschnuppert es. Erst nach bestandener Geruchsprobe wird es verzehrt. Seine Beute sind Schnecken, Krebse, Kleintiere, Fische und Frösche. Aber auch Mais, Gemüse und Obst frisst er gern.

Waschbären haben ein gutes Gedächtnis und sind sehr lernfähig: In Versuchen gelang es ihnen nach kurzer Zeit, bis zu elf Hebel- und Schraubverschlüsse sowie Schlösser an einer Kiste zu öffnen, um an Futter zu ge-
20 langen. Tiere, die so viel mit den Pfoten arbeiten, leiden schnell an Unterbeschäftigung, wenn man ihnen das verwehrt. Waschbären in Gefangenschaft haben oft zu wenig zum Ertasten. Vor allem vermissen sie das Wasser, in dem sie ihr Tastbedürfnis besonders gern ausleben. Daher kommt es dann oft zu einer Verhaltensweise, die lange Zeit als „Waschen" der Nahrung fehlgedeutet wurde: Die Waschbären tragen zum Beispiel Futter aus dem Napf ins Wasserbecken, um dort ihre typische Tastbewegung ausführen zu können. Dieses „Wa-
25 schen" der Nahrung wurde nur in Gefangenschaft beobachtet, trug den Tieren aber ihre Bezeichnung als Waschbären ein.

Mittlerweile ist der Waschbär als einziger Kleinbär auch in Europa weit verbreitet. Wegen seines weichen Felles, das zu Pelzmänteln und Mützen verarbeitet wird, wurde er schon immer gejagt. Um die große Nachfrage nach Waschbärfellen zu befriedigen, begann man deshalb in den 1920er Jahren nicht nur in Nordamerika,
30 sondern auch in Europa damit, Waschbären in Pelztierfarmen zu züchten. 1929 entwischten die ersten Waschbären aus einer Pelztierfarm in der Eifel, einige Jahre später wurde einige Tiere am Edersee nahe der hessischen Stadt Kassel ausgesetzt, um den Waschbären in freier Wildbahn anzusiedeln – mit schwerwiegenden Folgen! Kassel gilt heute als heimliche Hauptstadt der Waschbären, weil dort so viele Tiere wie nirgendwo sonst leben. Aber auch in anderen Städten Deutschlands und Mitteleuropas sind sie auf dem Vormarsch.

Nahrung des Waschbären

35 Essensreste im Müll und auf dem Kompost, Fallobst in den Gärten und gefüllte Futternäpfe für Haustiere kommen nämlich für den Waschbären einer Einladung gleich. Als anpassungs- und lernfähiges Tier kann sich der Waschbär in einer neuen Umgebung oft erfolgreich behaupten. Er hat somit in Parks und Grünanlagen keine Probleme zu überleben, wird aber zuneh-
40 mend zum Problem für die Städte, weil er dort z. B. an den Hausdächern große Schäden verursacht. Wegen der massiven Ausbreitung der Waschbären in ganz Europa wurde das Tier 2016 in die Liste der unerwünschten Tier- und Pflanzenarten der Europäischen Union aufgenommen – bislang allerdings ohne große Auswirkungen auf seine Verbreitung.

Kompetenzbereich I: Textzusammenfassung und Textverständnis

Grundsätzliche Tipps zum Bearbeiten eines Deutschtests findest du auf S. 33.

1 Jeweils einer der folgenden Vorschläge erfasst den <u>Kerngedanken</u> des Abschnittes am genauesten. Setze jeweils ein Kreuz. 5 Punkte

> Wenn du eine falsche Antwort angekreuzt hast, dann **streiche** das falsch gesetzte Kreuz **sauber durch.** Vergiss zudem nicht, das Kreuz bei der neu gewählten Antwort zu setzen.

Abschnitt 1 (Z. 1–9): ☐ Der Waschbär als Beispiel eines Kleinbären

☐ Der Lebensraum des nordamerikanischen Waschbären

☐ Das Aussehen des Waschbären

☐ Der Waschbär als Allesfresser

Abschnitt 2 (Z. 10–17): ☐ Wasser als Lieblingsplatz des Waschbären

☐ Der Einsatz der Vorderpfoten

☐ Bedeutung des Tastsinns bei der Nahrungssuche der Waschbären

☐ Bevorzugte Orte und Beute der Waschbären

Abschnitt 3 (Z. 18–26): ☐ Wie Waschbären ihr gutes Gedächtnis unter Beweis stellen

☐ Wie sich die Lernfähigkeit der Waschbären zeigt

☐ Wie sich Waschbären in Gefangenschaft verhalten

☐ Wie Waschbären ihr Geschick unter Beweis stellen

Abschnitt 4 (Z. 27–34): ☐ Warum Waschbären gejagt werden

☐ Warum Waschbären in Pelztierfarmen gezüchtet werden

☐ Wie es zur Ansiedlung des Waschbären in Europa kam

☐ Wie Kassel zur Hauptstadt der Waschbären wurde

Abschnitt 5 (Z. 35–44): ☐ Die Stadt als Lebensraum der Kleinbären

☐ Die Nahrung der Waschbären in Städten

☐ Die Probleme der Städte

☐ Die Folgen der Ausbreitung des Waschbären ☐ Punkte

2 Verbinde die folgenden Satzteile, sodass sich
bezogen auf den Text jeweils <u>zwei richtige Aussagen</u> ergeben. 4 Punkte

| indem sie mit ihren Pfoten ihre Umgebung erforschen. |

| indem sie jeden Gegenstand beschnuppern. |

A Waschbären nutzen ihren Tastsinn bei der Nahrungssuche,

| weil sie mit ihren Pfoten alles perfekt ertasten können. |

| weil sie beim Waschen der Nahrung ihren Tastsinn ausleben können. |

| weil sie diesen Sinn gerne ausleben. |

| klettern sie gerne auf Bäume. |

| sind sie sehr anpassungsfähig. |

B Weil Waschbären als Allesfresser nahezu überall Nahrung finden,

| können sie gut in Gefangenschaft gehalten werden. |

| werden sie von den Menschen gern gesehen. |

| stellen sie an ihren Lebensraum keine großen Ansprüche. |

Punkte

3 Kreuze an, welche Aussagen für den dritten und fünften Abschnitt des Textes zutreffen.
Setze bei jeder Teilaufgabe <u>zwei Kreuze.</u> 4 Punkte

Der dritte Abschnitt (Z. 18–26)

☐ vertieft Informationen zum Waschbären aus Abschnitt 1.

☐ liefert eine Erklärung.

☐ lenkt vom Thema ab.

☐ enthält die Ursachen für die im Text beschriebene Entwicklung.

☐ informiert über weitere Besonderheiten des Waschbären.

Der fünfte Abschnitt (Z. 35–44)

☐ stellt einen Widerspruch zur Überschrift dar.

☐ greift einen Gedanken aus Abschnitt 1 auf.

☐ verweist auf die Folgen der im vorherigen Abschnitt beschriebenen Entwicklung.

☐ fasst die wesentlichen Informationen des Textes zusammen.

☐ enthält einen Wunsch. Punkte

4 Überprüfe die folgenden Aussagen anhand des Diagramms auf S. 41. Kreuze das Zutreffende an.
Setze bei jeder Teilaufgabe ein Kreuz. 3 Punkte

A Der Waschbär ernährt sich vorwiegend von Pflanzen.

☐ richtig ☐ falsch ☐ nicht enthalten

B Der Waschbär ernährt sich im Winter vorwiegend von wirbellosen Tieren.

☐ richtig ☐ falsch ☐ nicht enthalten

C Der Waschbär ernährt sich zu ungefähr einem Drittel von Pflanzen.

☐ richtig ☐ falsch ☐ nicht enthalten ☐ Punkte

5 Überprüfe die folgenden Aussagen anhand der Grafiken und kreuze das Zutreffende an.
Setze bei jeder Aussage ein Kreuz. 5 Punkte

Sohlengänger: Trittspuren zeigen die komplette Pfote.

Hinterpfoten: birnenförmiger Ballen, am dicken Ende stehen die fünf Zehen gerade nach vorn

5 cm

9 cm

Schwarze Gesichtsmaske, die mit zunehmendem Alter ausbleicht

Buschiger, geringelter Schwanz, Länge ca. 20 bis 25 cm

Kopf-Rumpflänge inkl. Schwanz: ca. 60 bis 85 cm

Vorderpfoten: rundlicher Ballen, fünf fingerartige Zehen, stark abgespreizt, äußerst tastempfindlich

A Der Schwanz macht rund ein Drittel der Gesamtlänge eines Waschbären aus.

☐ richtig ☐ falsch ☐ nicht in der Grafik enthalten

B Je dunkler die Gesichtsmaske des Waschbären ist, umso älter ist er.

☐ richtig ☐ falsch ☐ nicht in der Grafik enthalten

C Die Schwanzfärbung bleicht mit zunehmendem Alter ebenfalls aus.

☐ richtig ☐ falsch ☐ nicht in der Grafik enthalten

D Sämtliche Pfoten sind besonders tastempfindlich.

☐ richtig ☐ falsch ☐ nicht in der Grafik enthalten

E Die Hinterpfote ist fast zweimal so groß wie die Vorderpfote.

☐ richtig ☐ falsch ☐ nicht in der Grafik enthalten

Kompetenzbereich II: Ausdrucksvermögen

6 Im folgenden Text sind <u>sieben Ausdrücke</u> falsch.
Verbessere sie auf den Linien.
Der Sinn des Textes darf nicht verändert werden.

Nummeriere die Fehler, die du gefunden hast.

7 Punkte

In vielen mittelalterlichen Städten wurden Bären in sogenannten Bärengräben zur *Erfreuung* der Einwohner gehalten oder in kleinen Käfigen zur Sicht gestellt. Die Zoos heutzutage bemühen sich aber um eine artrichtige Haltung: Der Wohnraum der Tiere soll ihrer freien Wildbahn möglichst ähnlich sein. Moderne Bärenräume sind oft über 1000 m² groß und bieten alles, was der Bär aus seiner naturhaften Umgebung weiß: Bäume, morsche Stämme, Felsen, Wasser, Gras und Büsche – und eine Höhle für den Winterschlaf.

1. Unterhaltung _____

_____

_____

_____

_____

_____

☐ Punkte

7 Finde für das jeweils unterstrichene Wort <u>ein Synonym</u> (Wort mit fast gleicher Bedeutung).
Der Sinn des Satzes darf nicht verändert werden.

2 Punkte

A Die Waschbären finden ihre Beute mit Hilfe ihres <u>hervorragenden</u> Tastsinns.

_____

B Waschbären stellen an ihren Lebensraum keine großen <u>Ansprüche.</u>

_____ ☐ Punkte

8 Finde <u>ein Antonym</u> (Wort mit gegensätzlicher Bedeutung) für das jeweils unterstrichene Wort,
sodass sich inhaltlich richtige Sätze ergeben.

3 Punkte

A Die Nahrung des Waschbären ist sehr <u>einseitig</u>.

_____

B Waschbären richten in Städten <u>selten</u> große Schäden an.

_____

C Der Waschbär schläft <u>nachts</u> bevorzugt in Baumhöhlen alter Eichen.

_____ ☐ Punkte

Kompetenzbereich III: Formale Sprachbetrachtung

9 Bestimme beim folgenden Satz, um welche <u>Wortart</u> es sich jeweils handelt.
Setze pro Teilaufgabe jeweils ein Kreuz.   5 Punkte

> Kann das Wort dekliniert (gebeugt) werden, handelt es sich um ein **Nomen, Pronomen, Adjektiv, Verb** oder einen **Artikel.** Ist das Wort nicht flektierbar (nicht veränderbar), kommen als Wortarten nur **Konjunktionen** oder **Präpositionen** in Frage. Auch **Adverbien** sind meist nicht flektierbar.

Unsere Waschbären sind immer neugierig.

A **Unsere**

☐ Artikel   ☐ Adjektiv   ☐ Pronomen   ☐ Nomen

B **Waschbären**

☐ Pronomen   ☐ Verb   ☐ Adjektiv   ☐ Nomen

C **sind**

☐ Konjunktion   ☐ Adverb   ☐ Verb   ☐ Pronomen

D **immer**

☐ Adverb   ☐ Adjektiv   ☐ Konjunktion   ☐ Präposition

E **neugierig.**

☐ Adjektiv   ☐ Adverb   ☐ Präposition   ☐ Pronomen   ☐ Punkte

10 In den folgenden Sätzen fehlen <u>Adjektive,</u>
die aus Nomen abgeleitet sind.
Bilde <u>sinnvolle Sätze,</u> indem du diese Adjektive
aus den vorgegebenen Nomen bildest.
Achte auf die richtige Kasusendung.
Ein Beispiel ist vorgegeben.

> Adjektive kannst du mit **Suffixen** (Nachsilben) bilden wie z. B.
> -ig, -lich, -isch, -sam, -haft, -bar.

4 Punkte

Beispiel: Der Waschbär kommt nicht nur in der Stadt, sondern auch in _*ländlichen*_ (Land) Gegenden vor.

A Nicht nur der Waschbär, sondern alle Wildtiere fühlen sich in ihrer _____ (Natur)

Umgebung am wohlsten.

B Ein Waschbär auf dem Dachboden kann zu _____ (Unruhe) Nächten führen.

C Da Waschbären von Natur aus sehr _____ (Neugier) sind, nehmen sie auch

unbekanntes Futter schnell an.

D In Bayern ist der Waschbär mittlerweile fast überall _____ (Heim).   ☐ Punkte

11 Bestimme beim folgenden Satz, um welches <u>Satzglied</u> es sich jeweils handelt.
   Setze pro Teilaufgabe jeweils ein Kreuz.   5 Punkte

> Bestimme mit Hilfe der **Umstellprobe,** ob es sich bei den Wörtern oder Wortgruppen
> um ein Satzglied handelt.
> Wenn es sich um ein Satzglied handelt, wende die **Frageprobe** an.

Im Jahr 1929 entwischten in der Eifel einige Waschbären ihrem Besitzer.

A **Im Jahr 1929**

☐ Subjekt   ☐ adverbiale Bestimmung   ☐ Dativobjekt
                          der Zeit

B **entwischten**

☐ Subjekt   ☐ Akkusativobjekt   ☐ Prädikat

C **in der Eifel**

☐ adverbiale Bestimmung   ☐ Dativobjekt   ☐ Akkusativobjekt
  des Ortes

D **einige Waschbären**

☐ Dativobjekt   ☐ Subjekt   ☐ Akkusativobjekt

E **ihrem Besitzer.**

☐ Genitivobjekt   ☐ Akkusativobjekt   ☐ Dativobjekt   ☐ Punkte

12 Unterstreiche in den folgenden Sätzen <u>die Nebensätze</u> vollständig.   5 Punkte

> Beachte die Kennzeichen eines Nebensatzes:
> – Der Nebensatz kann nicht ohne einen Hauptsatz stehen.
> – Die Personalform des Verbes steht im Nebensatz immer an letzter Satzgliedstelle.
> – Der Nebensatz wird durch eine **unterordnende Konjunktion** eingeleitet.

A Der Braunbär ist, obwohl er in Europa lebt, selten in Bayern zu beobachten.

B Der Braunbär ist eigentlich ein Waldbewohner, aber aufgrund seiner Anpassungsfähigkeit kann er

   auch andere Lebensräume bewohnen.

C Braunbären sind Allesfresser, die vorwiegend pflanzliche Nahrung zu sich nehmen.

D Da der Braunbär Winterruhe hält, frisst er sich im Herbst viel Fett an.

E Braunbären geben wenig Laute von sich, außer wenn sie verletzt sind oder angegriffen werden.

☐ Punkte

Kompetenzbereich IV: Rechtschreibung und Zeichensetzung

Gliedere die Wörter **in einzelne Silben** und sprich sie langsam und deutlich aus.
Prüfe, ob das **s** stimmhaft oder stimmlos ist. Nutze die **Verlängerungsprobe.**

13 Entscheide, welche s-Schreibung anzuwenden ist, und setze ein.   7 Punkte

Viele wi___en nicht, dass der Koala kein Bär ist, sondern da___ da___ Tier zu den Beuteltieren gehört.

Der Koala ernährt sich ausschlie___lich von Eukalyptusblättern, wobei nur bestimmte Sorten

genie___bar sind. Gra___ mag er überhaupt nicht fre___en.   [ ] Punkte

14 Ergänze im folgenden Text die fehlenden Satzzeichen.   6 Punkte

In der gesprochenen Sprache kannst du die verschiedenen Satzarten oft an deiner **Stimmführung** erkennen.

Hast du im Zoo schon einmal ein Bärenbaby gesehen Wenn es im Bärengehege Nachwuchs gibt steigen häufig die Besucherzahlen im Zoo Die meisten Zoos bieten auch Stofftiere im Verkauf an die bei Kindern sehr beliebt sind Nur selten können Eltern den Bitten ihrer Kinder widerstehen deshalb finden viele Stoffbärenbabys ein neues Zuhause   [ ] Punkte

Die Checkliste anwenden

1 Gehe zum Schluss noch einmal den gesamten Test Aufgabe für Aufgabe durch und überprüfe anhand der folgenden Checkliste, ob du alles bearbeitet hast.

Checkliste ✔

ja	nein	Kriterien
[ ]	[ ]	Sind **alle Aufgaben** bearbeitet?
[ ]	[ ]	Ist bei den Aufgaben zum Ankreuzen jeweils **die geforderte Anzahl an Kreuzen** gesetzt?
[ ]	[ ]	Wird die **Fehlerzahl,** die in einigen Aufgabenstellungen vorgegeben ist, beachtet?
[ ]	[ ]	Sind bei Aufgaben mit Lückentexten **sämtliche Lücken** ausgefüllt?
[ ]	[ ]	Ist beim Verbessern die fehlerhafte Antwort **sauber durchgestrichen?**

2 Ergänze die Aufgaben, die du noch nicht vollständig bearbeitet hast.